CB127170

RENOVANDO
emoções

EDITORA
EME

Solicite nosso catálogo completo, com mais de 350 títulos, onde você encontra as melhores opções do bom livro espírita: literatura infantojuvenil, contos, obras biográficas e de autoajuda, mensagens espirituais, romances palpitantes, estudos doutrinários, obras básicas de Allan Kardec, e mais os esclarecedores cursos e estudos para aplicação no centro espírita - iniciação, mediunidade, reuniões mediúnicas, oratória, desobsessão, fluidos e passes. E caso não encontre os nossos livros na livraria de sua preferência, solicite o endereço de nosso distribuidor mais próximo de você.

Edição e distribuição

EDITORA EME

Caixa Postal 1820 - CEP 13360-000 - Capivari - SP

Telefones: (19) 3491-7000 | 3491-5449

Vivo (19) 99983-2575 | Claro (19) 99317-2800

vendas@editoraeme.com.br - www.editoraeme.com.br

JOSÉ MILTON DA COSTA

RENOVANDO *emoções*

Capivari-SP
- 2017 -

© 2017 José Milton da Costa

Os direitos autorais desta obra foram cedidos pelo autor para a Editora EME, o que propicia a venda dos livros com preços mais acessíveis e a manutenção de campanhas com preços especiais a Clubes do Livro de todo o Brasil.

A Editora EME mantém, ainda, o Centro Espírita "Mensagem de Esperança" e patrocina, junto com outras empresas, a Central de Educação e Atendimento da Criança (Casa da Criança), em Capivari-SP.

1ª edição - março/2017 - 3.000 exemplares

CAPA | Victor Benatti
PROJETO GRÁFICO E DIAGRAMAÇÃO | Marco Melo
REVISÃO | Rubens Toledo

Ficha catalográfica

Costa, José Milton da, 1942
Renovando emoções / José Milton da Costa - 1ª ed. mar. 2017 - Capivari-SP: Editora EME.
160 p.
ISBN 978-85-9544-002-9
1. Espiritismo. 2. Autoajuda. 3. Textos motivacionais
I. TÍTULO
CDD 133.9

Dedicatória
(in memoriam)

À minha primeira professora, Conceição Godoy Soares, cujas virtudes serviram-me de espelho na caminhada pela vida.

Grande pedagoga, ela nos conduzia, com didática impecável, à vontade de aprender e crescer como seres humanos.

Durante meus anos de estudo nunca encontrei, na área do ensino, professora como ela. Disciplinada e disciplinadora, incutia em nós as noções de ética e moral, cidadania e urbanidade.

Tinha na alma o entusiasmo natural para ensinar o que sabia, mas ensinava muito mais pelo seu exemplo de vida e dignidade. E assim conquistou o respeito de toda uma cidade e minha profunda admiração.

Agradecimentos

À redentora doutrina espírita codificada por Allan Kardec e à intuição da espiritualidade superior, que nos permitiram escrever este livro.
À Camila Ferreira Zago, pela digitação dos textos e por sua dedicação em decifrar meus garranchos manuscritos.

Ao meu amigo e compadre, coronel Ary Raposo de Faria, companheiro desde os primeiros dias na Academia Militar do Barro Branco nos idos de 1964. Com Ary se aprende o verdadeiro significado da amizade e fidelidade.

Ao Centro Espírita João Batista, que me acolheu calorosamente quando me mudei para Sorocaba (SP).

Sumário

Prefácio

Ao convidar-me para prefaciar este que é o seu terceiro livro, além da honra que isso significa para mim, o amigo Milton já me fez pensar bastante. Em primeiro lugar, porque é meu amigo; mas amigo mesmo! Depois, por outras circunstâncias: é meu compadre, cursamos a mesma Academia, abraçando a mesma profissão-missão.

Somos irmãos de Armas, temos praticamente a mesma idade. Daí, podemos concluir que nossa experiência de vida é semelhante. Porém, o mais extraordinário, nós abraçamos ideais comuns, de modo que são muitas as afinidades, ainda que cada um tenha trilhado seu próprio caminho.

Por tais fatos, senti minha responsabilidade aumentar, uma vez que me senti compelido a honrar o convite. E ante as elucubrações em torno desta apresentação, cujo tema é elevado para nosso desenvolvimento, veio-me à memória pertinente inspiração do inesquecível gênio da nossa poesia condoreira, Castro Alves:

> Oh! Bendito o que semeia
> Livros, livros a mancheias,
> E manda o povo a pensar!
> O livro, caindo n'alma,
> É germe que faz a palma,
> É chuva que faz o mar!

E o amigo Milton está sendo profícuo em sua semeadura literária, em quantidade e qualidade, uma vez que suas produções têm a virtude de nos fazer pensar... De fato, conduzindo-nos pela leitura através de estilo coloquial e agradável, com citações que nos remetem aos saudosos tempos da infância, ao lado de outras tantas que nos trazem elevados pensamentos e conhecimentos de personagens destacados da cultura mundial, nosso autor encaminha-nos, com eficiente técnica de raciocínio, à abordagem principal da obra: nossa evolução!

O domínio da doutrina espírita é perfeito e fundamental para as conclusões lógicas de que a vida é o presente que recebemos de Deus para o resgate dos nossos erros do passado, bem como para realização do propósito maior da vida, que é a nossa evolução.

Aos leitores, ao lado dos votos de que tenham boa leitura, meus cumprimentos pela oportunidade de crescerem com a obra!

Ao amigo autor, meus cumprimentos pela coragem em escrever e pelo desafio em nos fazer pensar, bem como meus sinceros agradecimentos pela honra que me foi concedida!

Ary Raposo de Faria[1]
Sorocaba, SP, janeiro de 2016.

1 Coronel da Polícia Militar, reformado (dezembro de 1999), professor na Academia Militar do Barro Branco (São Paulo). Bacharel em Ciências Jurídicas pela Faculdade de Direito de Sorocaba, inscrito na OAB sob o número 203196. Em Sorocaba, onde reside, é frequentador da Casa de Caridade Sol no Horizonte.

Introdução

Quando escrevi meu primeiro livro, *Vivendo um dia de cada vez*, a motivação viera de companheiros queridos, que desejavam obter cópias ou transcrições de textos utilizados em minhas palestras. Eu não podia atendê-los, porque eram apenas esboços, tópicos que me serviam para memorização e roteiro a fim de não perder a sequência do assunto. Colecionei esses tópicos por longos anos. Realizava palestras, mas não tinha a pretensão de ser autor de livros e, muito menos, o qualificativo de "escritor".

No entanto, ante o sucesso daquela obra, e vindo a conhecer o meu editor, Arnaldo de Camargo, bem como sua família, e a Editora EME, tomei gosto pela ideia de transformar as palestras em livros. Foi assim que surgiu meu segundo livro – *Janelas da mente*. Agora, já disposto a escrever mais e refletir sobre muitos temas, apresento meu terceiro livro – *Renovando emoções* – , e nada me garante que haverá, ou não, um quarto livro.

Escrever apenas não basta, pois o segredo está no vivenciar aquilo que se escreveu e não correr o risco de pregar sem ter vivenciado o que se pregou. Jesus nos adverte sobre o fermento dos fariseus: pregavam, mas não viviam. Vou além! Realizar palestras é muito pouco, ante a imensidão da Seara que espera muito mais de nós. É preciso doação de energia e vibração de amor em todos os trabalhos realizados em uma casa espírita. É por essa razão que insiro duas mensagens transmitidas pelo espírito Inácio, através da mediunidade de nosso companheiro Fortunato, no Grupo Socorrista Maria de Nazaré, na cidade de Boituva (SP).

Penso, também, que esse livro pode contribuir, de forma humilde, para a evolução da Humanidade, dentro do estágio em que se encontra, a fim de que as máximas de Jesus sejam compreendidas e suas profecias se cumpram.

Boa leitura.

Paz e serenidade a todos!

Sorocaba-SP, dezembro de 2015.

O Autor

Viver o que falamos

O espírito Emmanuel ditou maravilhosas páginas de elevação espiritual para nossas vidas e quero começar e também terminar este livro trazendo algumas dessas valiosas contribuições para que possamos realmente viver aquilo que **já** conseguimos de alguma forma expressar.

Na obra *Livro da esperança*, publicado pela Editora da Comunhão Espírita Cristã, em Uberaba-MG, temos a mensagem "Nas Sendas do Mundo", em que o benfeitor espiritual afirma: "Em verdade, devemos a Deus tudo o que temos, mas só possuímos o que damos." Vejamos, então, essa instrutiva mensagem "Nas Sendas do Mundo", que traz, em seguida, a máxima do Cristo, que lemos em Mateus (6:19): "Não ajunteis tesouros na Terra, onde a traça e a ferrugem tudo consomem e onde os ladrões minam e roubam."

> Meus filhos, na sentença "Fora da caridade não há salvação" estão encerrados os destinos dos homens, na Terra e no Céu, porque à sombra desse estandarte eles viverão em paz no Céu; porque os que a houverem praticado, acharão graças diante do Senhor. (ESE - Cap. 15, Item 10)

Deus, que nos auxilia, sempre nos permite possuir, para que aprendamos também a auxiliar.

Habitualmente, atraímos a riqueza e supomos detê-la para sempre, adornando-nos com as facilidades que o ouro proporciona...

Um dia, porém, nas fronteiras da morte, somos despojados de todas as posses exteriores, e se algo nos fica será simplesmente a plantação das migalhas de amor que houvermos distribuído, creditadas em nosso nome pela alegria, ainda mesmo precária e momentânea, daqueles que nos fizeram a bondade de recebê-las.

Costumeiramente, amontoamos títulos de poder e admitimo-nos donos deles, enfeitando-nos com as vantagens que a influência prodigaliza...

Um dia, porém, nas fronteiras da morte, somos despojados de todas as primazias de convenção, e se algo fica será simplesmente o saldo dos pequenos favores que nós houvermos articulado, mantidos em nosso nome pelo alívio, ainda mesmo insignificante e despercebido, daqueles que nos fizeram a gentileza de aceitar-nos os impulsos fraternos.

Geralmente repetimos frases santificantes, crendo-as definitivamente incorporadas ao nosso patrimônio espiritual, ornando-nos com o prestígio que a frase brilhante atribui...

Um dia, porém, nas fronteiras da morte, somos despojados de todas as ilusões e se algo nos fica será simplesmente a estreita coleção dos benefícios que houvermos feito, assinalados em nosso nome pelo conforto, ainda mesmo ligeiro e desconhecido, daqueles que nos deram oportunidade a singelos ensaios de elevação.

Serve onde estiveres e como puderes nos moldes da consciência tranquila.

Caridade não é tão somente a divina virtude; é também o sistema contábil do Universo, que nos permite a felicidade de auxiliar para sermos auxiliados.

Um dia, nas alfândegas da morte, toda a bagagem daquilo de que não necessites ser-te-á confiscada; entretanto, as Leis Divinas determinarão que recolhas, com avultados juros de alegria, tudo o que deste do que és, do que fazes, do que sabes e do que tens, em socorro dos outros, transfigurando-te as concessões em valores eternos da alma, que te assegurarão amplos recursos aquisitivos no Plano Espiritual.

Não digas, assim, que a propriedade não existe ou que não vale dispor disso ou daquilo. Em verdade, devemos a Deus tudo o que temos, mas só possuímos o que damos.

Considerações iniciais

Ser intransigente com os outros não tem grande sentido; eles são o que podem ser, e creio que seriam melhores se o pudessem...

Agostinho da Silva

Uma pessoa é intransigente quando não aceita as falhas, as imperfeições ou algo que pertence ao outro. É não admitir que o outro seja, de fato, como é. Daí, estamos a um passo da intolerância. Para o aceitarmos, temos de nos conscientizar de que as diferenças e as divergências são fatores naturais.

Nossa primeira tentativa, antes da implicância e da intolerância, é a de mudar o outro, interferir em seu comportamento, ditando-lhe normas novas (nossas normas). Ledo engano! A única pessoa que podemos mudar somos nós mesmos! A intransigência, que começa nas pequenas implicâncias do dia a dia, nos leva à intolerância. É assim que se esgotam os relacionamentos e, que muitas vezes, não possibilitam o retorno.

E o que dizer quando a intransigência é resultante de qualquer tipo de ideologia, seja racial, política ou religiosa?

Esses foram os motivos que deram ensejo às grandes

guerras, aos holocaustos, aos extermínios, decorrentes da "caça às bruxas", em toda a história da humanidade.

Sistemas e regimes políticos sempre foram motes para todos os tipos de atrocidades.

O fanatismo religioso, as superstições, a ignorância, usando o nome de Deus (!), deram origem às Cruzadas, cujos registros na História contam das lutas sangrentas contra árabes. Deram origem ao Santo Ofício (Inquisição) com a prática de torturas e execuções com extrema crueldade: conversão ou morte!

Como nós, seres humanos, em nome de Deus, cometemos tantas atrocidades?

A intransigência separa marido e esposa; separa pais e filhos, desfaz amizades, separa irmãos e filhos de uma mesma nação. Parece que tudo está se desintegrando à nossa volta.

No Islamismo, duas facções dividem a crença: xiitas e sunitas. Os primeiros, mais radicais, reivindicam para si o poder religioso e político, pois exigem que esses mesmos poderes sejam conferidos aos descendentes diretos de Maomé. Os sunitas pleiteiam os mesmos poderes fora dessa linha de sucessão. Os poderes ficam concentrados nas mãos dos *aiatolás*. Enquanto isto nós vemos se repetirem, nos telejornais, cenas de homens e mulheres, atados a explosivos, explodirem a si mesmos, matando a si e a outras centenas de pessoas.

No cristianismo, embora professando a mesma fé, os irmãos se dividem em novas crenças, desde Lutero e Calvino. Por intransigência, surgem as heresias.

No espiritismo a História se repetiu. No meu tempo de menino e de moço nunca ouvi alguém se dizer espírita. Talvez por receio de chocar ou sofrer discriminação, aquela perseguição velada, mas não menos odiosa, instigada pelo preconceito, pela ignorância e pelo fanatismo religioso.

Como seria maravilhoso se todos conhecessem a Terceira Revelação e a colocassem em suas vidas! Adeus intransigência! As crendices, então, não mais propiciariam a exploração religiosa.

Felicidade e infelicidade

O sábio, para ser feliz, olha abaixo de si e jamais acima, a não ser para elevar sua alma até o infinito.

***O Livro dos Espíritos* – Q. 715**

Olhando para baixo de si, aquele que se considera infeliz perceberá o quanto é feliz.

Chico Xavier, no texto "Alma do mundo", em determinado instante, nos diz:

> Uns queriam emprego melhor;
> Outros, só um emprego.
> Uns queriam uma refeição mais farta;
> Outros, só uma refeição.
> Uns queriam uma vida mais amena;
> Outros, apenas viver.
> Uns queriam pais mais esclarecidos;
> Outros, ter pais.
> Uns queriam ter olhos claros;
> Outros, enxergar.
> Uns queriam ter voz bonita;
> Outros, falar.
> Uns queriam silêncio;
> Outros, ouvir.
> Uns queriam um sapato novo;
> Outros, ter pés...

Algumas pessoas mais céticas diriam que olhar para baixo não serve de consolo e podem convencer outros tantos com seu argumento de buscar um pouco mais acima, porque é preciso crescer, melhorar nossa vida. Isto até pode ser verdade, quando o viver está condicionado a ter, sem levar em conta o ser.

Mas não é verdade quando nos colocamos em nosso devido lugar e verificamos que existem pessoas que estão bem melhores que nós. Mas que há outros tantos bem piores. Isso não é para consolo, e sim para que sintamos e aceitemos nossa realidade. É nesse terreno que teremos que ser felizes.

O que Chico Xavier quer salientar é a relatividade dos nossos desejos em busca da felicidade, pois compreendia muito bem a resposta à questão 920 de *O Livro dos Espíritos*, no qual Allan Kardec pergunta aos benfeitores do Invisível.

> – O homem pode gozar, sobre a Terra, de uma felicidade completa?
>
> – Não, visto que a vida lhe foi dada como prova ou expiação. Mas depende dele amenizar seus males e ser tão feliz quanto se pode ser sobre a Terra.

Isto significa que todos nós teremos desgastes e sofrimentos passageiros na vida. Nem tudo são flores; alguns espinhos terão que ser vencidos.

O espiritismo orienta quanto a nossa destinação futura, pois a vida corporal é um estado passageiro.

Depende de cada um amenizar os próprios males e ser feliz no que puder, enquanto aqui estiver.

O que quer um emprego melhor deve trabalhar para

conquistar seu objetivo, lembrando-se que já tem um emprego. O que busca um emprego deve trabalhar para obter seu objetivo, pois está desempregado.

Um acredita que será feliz quando obtiver um emprego melhor; outro crê que será feliz quando conseguir um emprego. E quando conseguir o emprego sonhará com um melhor.

Isto explica um dos desejos elencados por Chico Xavier. Ninguém está satisfeito com o que tem ou como está na vida.

E olhando para baixo, naquilo que consideramos a infelicidade do outro, verificaremos o quanto somos felizes. O infeliz não tem emprego, e eu fico a pensar em coisas grandiosas. Não devemos observar como consolo, e, sim, em como temos de dedicar, estudar e trabalhar para conquistar o objetivo de nossos desejos. De um jeito ou de outro, haverá sempre a insatisfação, porque criamos e alimentamos as nossas necessidades.

Temos um compromisso com a vida. Numa situação favorável ou conturbada temos que viver.

A ideia de felicidade e infelicidade é muito mais relativa do que imaginamos.

Para uns, ser feliz é viver em constantes alegrias, como se a vida fosse uma eterna festa. Esquecemos que voltaremos para nosso quarto, mais tristes e solitários que nunca.

Quando doentes, a cura é a maior felicidade.

Quando carentes, queremos um carnê das Casas Bahia. E como cantavam os rapazes da banda Mamonas Assassinas: "Esse carnê é a felicidade".

O que o Mestre condenava não era o possuir, mas

sim o apego aos bens materiais. Em Lucas (12:18-20), Jesus chama insensato ao que se agarra às posses, juntando riquezas na Terra. Porquanto, quando menos esperar, eles virão tomar a sua alma. "E para quem será tudo o que ajuntastes?" - indaga o Mestre.

Na questão 922, da obra já citada, o codificador indaga:

> - A felicidade terrestre é relativa à posição de cada um; o que basta à felicidade de um faz a infelicidade de outro. Entretanto, há uma medida de felicidade comum a todos os homens?

Atentemos para a resposta:

> - Para a vida material, é a posse do necessário; para a vida moral, é a consciência tranquila e a fé no futuro.

Por isso é que Jesus nos chamou insensatos. A felicidade consiste (na vida material) em possuir o necessário e não o supérfluo. Acumular para quê e para quem? Só se pode calçar um par de sapatos.

Na vida moral, a felicidade é ter a consciência tranquila. É a fé no futuro. É a busca do reino de Deus na prática da justiça e da caridade.

Lembramo-nos de que estamos no planeta Terra, destinação de todos os espíritos que precisam evoluir, sendo submetidos a provas e expiações.

Tudo o que estiver fora do nosso íntimo (roupas, brilhantes etc.) podem nos trazer alegrias ou tristezas, alternando pequenas felicidades com pequenas infelicidades.

Um marido pode trazer alegria para a esposa e filhos; uns podem trazer tristezas também. O alcoólatra, o que está preso, o que é indelicado, o que é violento.

Um filho pode nos alegrar e dar-nos motivo de orgulho; um pode nos deixar tristes, por transviar-se no caminho das drogas, perdendo-se em más companhias, ou ser levado para uma penitenciária, a fim de cumprir pena por crime cometido. Tudo pode ser relativo.

Mas a felicidade é conquista pessoal e independente de alegrias ou tristezas, e nem é responsabilidade dos outros.

Frequentemente, o homem só é infeliz pela importância com que emprega as coisas deste mundo. É a vaidade, a ambição e a cupidez que fazem sua infelicidade. Os amigos da espiritualidade nos dizem que aquele que vê felicidade senão na satisfação do orgulho e dos apetites grosseiros, esse é infeliz, quando não pode satisfazê-los. Contentar-se com o necessário é passo decisivo para a felicidade, que nunca será plena, pois não é desta vida.

Diante daquilo que considera infelicidade o ser humano se comporta como se estivesse viajando em estrada poeirenta. A qualquer poeira (problema/dificuldade) ele se debate, fica no sufoco, não consegue ver nada. Mesmo assim quer tomar decisões e não tem a paciência de esperar a poeira baixar para ver melhor. Se assim procedesse, perceberia que é na crise que se evolui. Pode ser que outra poeira se levante. Há que esperá-la baixar novamente.

Miguel de Cervantes (idos de 1500) escreveu: "As desgraças nunca acontecem em separado; não basta lhes tirar a alegria, é preciso que se dê por que chorar por muito tempo."

Será que foi o inspirador das leis de Murphy[2]? Será que somos nós mesmos que atraímos novas poeiras?

Quando nos desarmonizamos, baixamos nossas vibrações, e tais coisas podem acontecer seguidamente.

A desarmonia gera tristezas, e a infelicidade vem acompanhada. Dor, infortúnio, doenças, dívidas, solidão, lesão afetiva, abandono, separações, indiferenças são algumas consequências que estão sempre juntas.

Precisamos desmistificar o que disse Cervantes e viver em plenitude, com as mensagens de esperança traduzidas por Jesus: "caminho e verdade que conduzem à vida".

O caminho é o da justiça e da caridade. A verdade é aquela que nos liberta. A vida é exatamente a que temos, nem para cima, nem para baixo.

O Mestre não nos prometeu um caminho suave, nem facilidades nesta vida. Disse que a porta é estreita, e que a mentira nos escraviza.

O caminho não é suave e não há privilegiados.

Temos que tomar nossa cruz e seguir adiante.

Lembremo-nos sempre da resposta à questão 920: Aqui na Terra NÃO teremos a felicidade completa; apenas aquela que podemos ter, o quanto podemos ter.

E o salmista vem nos recomendar uma vida com moderação, bebendo a taça da doçura, porque um dia teremos que engolir o resto da amargura.

---

2 Engenheiro aeroespacial Edward Aloysius Murphy, capital da Força Aérea Americana. É autor da tese, cujo enunciado diz: "Se alguma coisa pode dar errado, dará. E mais, dará errado da pior maneira, no pior momento e de modo que cause o maior dano possível." Mas esta não é a única "lei" de Murphy. Há outras dezenas formuladas por ele.

Fortuna é valor do espírito

Riqueza é o aproveitamento real das oportunidades que a vida nos oferece todos os dias.

(Autor desconhecido)

Nós precisamos da matéria para viver e sobreviver. Apenas o mínimo necessário para a condição da vida. Riqueza é o aproveitamento real das oportunidades que a vida nos oferece todos os dias. Quando Jesus proferiu o Sermão da Montanha, em que pesem a sabedoria e as mensagens dirigidas ao povo[3], causou certa confusão entre os discípulos, acostumados à vida dura e difícil.

> Não junteis para vós tesouros na terra, onde a traça e o verme os consomem e onde os ladrões penetram e roubam. Mas ajuntai para vós tesouros no céu, onde nem a traça nem o verme os consomem, onde ladrões não penetram e roubam. Porque onde estiver o teu tesouro, ali também estará teu coração."
>
> Por isso vos digo: Não estejais preocupados com o que haveis de comer, nem o que haveis de

3 Mateus 6:19-21; Mateus 6:34.

> vestir. Porventura não vale a vida mais que o alimento, e o corpo mais que a roupa? Olhai as aves do céu: não semeiam, nem ceifam, nem ajuntam em celeiros, mas o vosso Pai Celestial as alimenta! Não valeis muito mais do que elas? Olhai os lírios do campo...

E o Mestre recomendava ainda que procurássemos primeiro o reino dos céus. E todas as coisas nos seriam dadas por acréscimo...

Jesus não incentiva o ócio nem repugna o trabalho. Deixa claro o sentido da Providência Divina e a necessidade de o homem ser previdente, mas não apegado aos bens materiais.

> Certa ocasião, Jesus foi abordado por um jovem, dono de muitas posses, que lhe perguntou:
>
> – Bom Mestre, que devo fazer para obter a vida eterna?
>
> Disse-lhe Jesus:
>
> – Por que me chamais bom? Ninguém é bom senão Deus. Conheces os mandamentos: não matar; não cometer adultério...
>
> O jovem então arguiu:
>
> – Mestre, tudo isto tenho observado desde a minha adolescência.
>
> Ao que Jesus, então, acrescentou:
>
> – Uma coisa te falta. Vai, vende teus bens e dá aos pobres, que terás um tesouro no céu. Depois vem e segue-me.
>
> Mas a estas palavras o rosto do jovem tornou-

> -se sombrio, e ele se retirou, triste, porque tinha muitos bens[4].

Quando o jovem se afasta, Jesus vê um homem tentando ser perfeito, "como a única forma de ganhar a admiração de Deus".

Jesus viu, ainda, anos de esforços inúteis, motivos equivocados que ele usara para enganar a si mesmo, pensando que agia acertadamente... "Uma busca de perfeição que o destruía por dentro."

Se tu queres ser perfeito, vai, vende tudo o que tens e me segue - ensina o Mestre.

Podemos criticar o jovem rico por não atender à proposta do Cristo? E por que Jesus teria feito tal proposta, sabendo que o jovem não tinha condições de aceitá-la?

Hoje, agora, se a mesma proposta nos fosse feita, abriríamos mão do que temos para dar aos pobres? Isso não seria sensato nem razoável.

Conhecendo o íntimo daquele que o interrogava, o Mestre identificava que ainda estava preso às coisas do mundo. Ora, se estivesse pronto para entrar no seu reino, não teria receio em abrir mão da sua riqueza. Mas ele ainda não estava pronto para tanto.

Jesus não estava oferecendo ao jovem a oportunidade de, em vendendo tudo, comprar sua salvação. Mas queria mostrar-lhe que a busca da perfeição não era a única forma de viver em Deus. Ademais, Deus não é mercador e não negocia a salvação. Deus sabe de nossas limitações e que jamais seremos perfeitos... Perfeito é só

4 MT. 19:16-22; Mc. 10:17-22; Luc. 18:18-23.

Deus. A busca da perfeição consiste mais em mudanças comportamentais, pela conquista das virtudes que levam o homem a amar.

Entretanto, Jesus queria livrá-lo do fardo do apego. Libertá-lo dessa prisão.

O jovem não precisava ter ficado triste e se afastado. Bastaria que dissesse: "Não posso; não consigo fazer isso que o senhor me pede".

Jesus então lhe teria respondido: "Que bom. Então pare de lutar, com seus próprios esforços, para ganhar a graça de Deus. Você já a tem. Deus já o ama incondicionalmente desde o início dos tempos."

Jesus ainda queria mais. Queria que o jovem deixasse de viver sob a tirania de troca de favores.

Treinadores não ensinam jovens saltadores colocando a barra na altura do recorde mundial?

Por que Jesus colocou obstáculo (barra) tão alto que o jovem não poderia saltar? Por que lhe ofereceu tal proposta, sabendo que era uma proeza impossível de realizar?

Jesus conhecia a natureza humana e queria poupar o jovem de uma luta inglória, por isso não lhe pediu que vendesse alguma coisa, uma parte de sua riqueza; e sim, que vendesse tudo e desse aos pobres.

Em vez de se afastar triste, por que não conversou mais com Jesus?

Riqueza não está no valor, na quantidade de bens que se possui, mas sim na importância exagerada que damos a ela. O pouco que tenho é minha riqueza, se me apego a ela. Onde está minha riqueza, aí também está meu coração.

A riqueza, o dinheiro, os bens materiais nos tornam tão apegados e nos fechamos para a graça de Deus. Os espíritas deviam entender, de uma vez por todas, que o reino não será conquistado em uma única encarnação, pela nossa dificuldade em mudar atitudes comportamentais. Ou seja: "Conquistar as virtudes de que se compõe o amor - paciência - bondade - generosidade - humildade - delicadeza - tolerância - entrega - sinceridade e inocência".[5]

Há uma lição sempre ensinada e sempre esquecida: A lição do velório. O que levamos para o plano espiritual?

O segredo da graça de Deus está no desapego. Ninguém abandona coisas que não possam ser substituídas por algo maior e melhor. "Deixo meus bens terrenos para ganhar a liberdade... a vida eterna". Mas, porque tenho bens materiais não significa que tenho como negociar a minha salvação.

Se assim fosse, os pobres, mas apegados as suas riquezas, também poderiam negociar.

Conto-lhes uma pequena história que diz muito sobre a nossa natureza humana:

> Um lobo, de longe, apreciava o comportamento das ovelhas que pastavam mansamente. Como eram dóceis, amáveis, companheiras, pacientes... Queria ser como elas. Mas na medida em que se aproximava das ovelhas, estas fugiam em disparada.
>
> Um dia arrumou uma pele de ovelha e se vestiu como uma delas. Aproximou-se e foi aceito pelo grupo.
>
> As ovelhas comiam capim. Para ele o capim era horrível e não conseguia digeri-lo. À noite, como elas tinham quatro estômagos, ficavam a ruminar.

---

5 1ª Carta de Paulo aos Coríntios (1,13).

> Isto o lobo não conseguia. Mesmo assim ficava mexendo com a boca, como as ovelhas faziam.
>
> O cio das ovelhas, na época do acasalamento, nada dizia ao lobo, não o excitava.
>
> Queria ser cordeiro, mas era lobo. A natureza do lobo em pelo de ovelha tornava sua vida uma verdadeira tortura. Até quando conseguiria viver contra sua natureza?
>
> Diante dos outros, vestia pele de cordeiro.
>
> Mas não vamos condenar o lobo enganando as ovelhas. Sozinho, o lobo chora: "Meu Deus! Quero viver como ovelha; não quero ser lobo travestido de ovelha...

Colocar uma vestimenta de cordeiro não o tornava um cordeiro. Como ser um cordeiro de verdade? Não existem milagres. Lobo não vira cordeiro, nem papagaio vira galinha, nem burro vira touro. Isto seria inverter as leis da natureza.

Sabe qual é a nossa tragédia? É a de tentar enganar a nós mesmos. Em vez disso, o que devemos fazer é aceitar a nossa condição humana e nos convencer da necessidade do esforço para sermos melhores, mais bondosos e compassivos.

É preciso que compreendamos a nossa natureza humana, conhecer o tamanho do nosso egoísmo, do nosso apego.

A nossa tragédia é ver o defeito dos outros.

O espiritismo não quer convencer ou converter a ninguém. Ensina-nos que há vida após a morte e que a busca da perfeição consiste no autoconhecimento e no esforço para a nossa evolução espiritual.

Ter consciência dos próprios defeitos já é um bom começo.

Eis que o lobo deixa a pele de cordeiro e volta a ser lobo.

Quando éramos crianças, não fazíamos questão de disfarçar nosso egoísmo. Quando ficamos adultos, aprendemos a disfarçar o egoísmo. Vejam o seguinte exemplo:

Cinco crianças, seis pedaços de bolo. Cada uma pega um pedaço e fica de olho no que sobrou. Comem apressadamente, sem disfarçar a intenção de pegar o pedaço que restou.

Cinco adultos, seis pedaços de bolo. Educadamente cada um pega um pedaço. O que restou continuará na bandeja. Todos o querem, mas disfarçam e ninguém pega. É preciso apagar a luz.

Mesmo com nossa natureza, Deus nos ama desde sempre. Não precisamos ter ideias equivocadas de que esse amor precisa ser conquistado. Jesus nos aconselha ao desapego como caminho de libertação.

A palavra apego na linguagem comum é bem vista pelas pessoas. "Veja como ele é apegado aos filhos e à esposa!" Pois aqui o desapego é sinônimo de indiferença.

Na linguagem cristã o apego é algo que nos asfixia, nos sufoca, nos aprisiona, nos escraviza, sem termos muita consciência disto. É sinônimo de sofrimento, de prisão.

Desapegar-se é libertar-se, soltar os laços que nos prendem e nos sufocam. É alívio interno, paz de espírito. O apego é laço, fonte de angústias. Apego é atribuir exagerada importância a um objeto, uma situação, uma pessoa, uma palavra, uma ideia. É manifestação de posse, desejo incontrolável de conservar algo para sempre. Há pessoas que se apegam até aos seus rancores, ódios, mágoas e ressentimentos.

Desapego não significa indiferença. Significa que podemos abrir mão de tudo, se necessário, em qualquer instante. Desapegar-se não significa abandonar projetos, prazeres da vida, dispor de uma casa ou das roupas, etc. Mas é sim ter consciência de que essas coisas são para nos servir e não para nos fazer seu escravo.

As coisas mudam; tudo se transforma. Ficar guardando, apegado a situações, pessoas, objetos, é gerar forte dor e angústia. Existem coisas úteis e inúteis. Coisas para serem usadas e coisas para serem usufruídas. Use, usufrua... E pronto.

Ficar guardando coisas para serem usadas em certas ocasiões - como pratos, talheres, roupas etc. - pode ser um erro. Será que essa oportunidade chegará?

Quantos objetos nos armários, nas gavetas! Há gente que guarda até papel de bala, convites antigos. É hora de limpar a mente e as gavetas. Coloque à mesa seus melhores pratos e talheres. Abra o vinho guardado para não sei quando. Acenda uma vela em sua mesa, se assim o desejar, pouco importando se é uma segunda-feira e se não há nada para comemorar. Que poderá acontecer amanhã?

Fortuna não é só papel-moeda. É valor de espírito, bênção da alma, luz do coração. O que levaremos para o plano espiritual?

Jesus não condenou, nem condena o que se ganha honestamente, com esforço, estudo e trabalho. O que se condena é o ganho inescrupuloso, desonesto, que nos leva à avareza, à inveja, à cobiça, à ganância, à usura, à mesquinharia.

De pobres o mundo está cheio. Mas a grande maioria deles quer ficar rico. Vejam a fila nas casas lotéricas! Ficar rico, sem esforço. À noite, ao deitar, precisamos fazer nosso inventário, dos muitos bens que recebemos. E agradecer aos céus por essas dádivas, como se fôramos reis por um dia. "Choramos por um par de sapatos, quando outro não tem pés para calçá-lo."

Onde está seu coração?

SAMARITANA

Mulher! Crê em mim; vem a hora em que nem neste monte nem em Jerusalém adorareis o Pai... Adorareis ao Pai em Espírito e Verdade.

Jesus (João 4:4-42)

Quem é essa mulher? Ninguém o sabe. Sabemos apenas que é uma mulher nascida na província da Samaria e que residia em Sicar. Ela só é citada no Evangelho de João por dois motivos aparentemente banais. Primeiro porque os samaritanos, embora fossem hebreus, não falavam nem com os galileus nem com os judeus, ainda mais se tratando de uma mulher samaritana! À época, as mulheres não podiam se dirigir aos homens. Mas é Jesus, o homem, quem dá ensejo à conversa.

O segundo e principal motivo é a grande profecia de Jesus: "Adorareis o Pai nem no monte nem em Jerusalém, mas em Espírito e Verdade".

O ano é 28 d.C. Uma tarde de maio, às bordas do poço de Jacó, na cidade de Sicar, em Samaria.

Jesus, após a prisão de João, o Batista, preferiu, por segurança, deixar a Judeia e voltar à Galileia. Por isso, obrigatoriamente, precisava atravessar a província de

Samaria e, assim, já cansado chega à cidade de Sicar. Junto ao poço de Jacó, uma mulher retirava água, e Jesus lhe pede para beber.

A mulher fica espantada e diz:

- Como é que tu, sendo judeu, pedes de beber a mim, uma samaritana?

Mas este tinha sido apenas um motivo para iniciar a conversa.

A mulher logo percebe que seu interlocutor é um profeta.

- Nossos pais adoram neste monte. E vós dizeis que em Jerusalém é que se deve adorar a Deus!

Jesus então profere a profecia, que até hoje não se cumpriu. E outros tantos séculos virão para que se cumpra.

- Chegará hora em que louvaremos a Deus não nas igrejas, nas mesquitas, nas sinagogas, nos pagodes, nas casas espirituais, mas em Espírito e Verdade. Não nos montes nem em Jerusalém, mas no coração de cada homem, consigo mesmo, em Espírito e Verdade.

Passados mais de 2 mil anos, poucos de nós percebemos essa verdade profética. Cada povo, cada religião continua reivindicando para si a primazia de adorar a Deus, cada um querendo impor a sua doutrina religiosa aos outros, pretensos conversores.

E por não crer nessa verdade, continuamos a digladiar em nome de Deus. Cruzadas, Santo Ofício (Inquisição), Jihad (Guerra Santa), Estado Islâmico e outros grupos radicais continuam perpetrando holocaustos quase todos os dias.

No islamismo, os xiitas não se entendem com os sunitas e disputam o poder político e religioso com base na descendência de Maomé. Judeus lutam com árabes palestinos... E não só por causa de terras; há grandes discordâncias entre os adeptos de Ismael e de Isaac, filhos de Abraão, embora preguem as mesmas verdades.

No Cristianismo, após a Reforma Religiosa provocada por Lutero, e depois por Calvino, surgiram numerosas seitas protestantes, com a criação de novas congregações pentecostais e evangélicas. Também no seio da Igreja Católica, houve uma grande dissidência, por volta do ano 1000 da nossa era, que deu origem à Igreja Ortodoxa.

Dogmas, como o da infalibilidade papal, motivaram rupturas e o surgimento de outras denominações religiosas, como a Igreja Anglicana. Doutras vezes, por melindres ou anseios de poder, deixamos um culto e passamos para outro.

Hoje, homens e mulheres-bomba, por fanatismo religioso, provocam o autocídio, praticado de forma premeditada, levando consigo outras centenas de vítimas.

São intransigências religiosas, relacionadas com qualquer tipo de ideologia, que dão início a extermínios, provocando caça às bruxas, como temos verificado ao longo de toda a história da humanidade.

Mas chegará hora em que ninguém, absolutamente ninguém, nem um povo, nem um país, terá a primazia de ter Deus para si. A adoração será no templo do Espírito e da Verdade. Será hora da grande fraternidade, pois acabaremos descobrindo que somos filhos de um mesmo Pai, com mesmo objetivo evolutivo.

Parece utopia, mas é uma profecia de Jesus a ser

cumprida no devido tempo, que será quando a humanidade estiver preparada para viver o ideal acalentado pelos revolucionários franceses de 1789, cuja bandeira defendia a tríade: Liberdade, Igualdade e Fraternidade.

Quem é essa mulher? Que diálogo é esse?

Somos intransigentes quando não aceitamos o outro como realmente é. Não aceitamos suas falhas, suas imperfeições. Ainda não percebemos que somos espíritos únicos em busca da perfeição. Ainda não aprendemos a aceitar as diferenças e as divergências decorrentes dessas unicidades. Ainda não entendemos, na total profundidade o significado do respeito, da renovação, mesmo tendo como aliada a vontade da alma.

Como é difícil perceber que a intolerância, mesmo a religiosa, começa com simples brincadeiras, ou tolas implicâncias. No meu tempo de menino, costumávamos chamar os crentes de "quebra-santos", pois essa era a primeira atitude que tomavam ao se tornarem evangélicos ou pentecostais: Quebravam as imagens sacras.

Mas é das pequenas implicâncias que surgem as guerras. Precisamos aceitar as diferenças entre cada um de nós e nossas pequenas divergências como sendo perfeitamente naturais dentro das atuais condições humanas.

Nossa primeira tentativa, antes da implicância, é a de querer mudar o outro, interferir em seu comportamento, em suas condutas e ditar novas normas a serem seguidas. Ledo engano, pois só podemos mudar a nós mesmos. E é assim que se esgotam os relacionamentos entre as pessoas e entre os povos.

No cadinho das guerras estão as reivindicações da

primazia de cada um ter o seu próprio Deus, quando não existem dois.

Contra o espiritismo a discriminação é velada. Recordo-me que dificilmente se ouvia alguém dizer-se espírita. Havia o medo da discriminação e perseguição disfarçada, mas não menos triste. Só fui conhecer a doutrina codificada por Kardec quase aos 60 anos de idade, até então nunca havia lido um livro espírita. Mediunidade? Só por ouvir dizer.

Lá em Piquete, SP, onde nasci e vivi minha infância e juventude, na Rua Soldado José Custódio, onde se situava o centro espírita, só passávamos se não houvesse alternativa e, assim mesmo na calçada oposta.

Não conheci dona Zita, a senhora que psicografou a "Oração do Amanhecer", mas isto aconteceu em Piquete, no Centro Espírita Deus e Caridade. Tive grandes amigos que eram espíritas, mas eu nunca o soube.

Evitemos em nós mesmos o fanatismo e as crendices e façamos o trabalho de formiguinhas na seara espírita, até que a profecia do Mestre seja cumprida.

Quem é você, samaritana?

Por que você não nos contou isto bem antes?

Por que você não nos disse sobre os profetas e os grandes mestres espirituais de nossa História?

Por que todos eles, indistintamente, tinham os mesmos pensamentos para a evolução dos homens? Quais são esses pensamentos? Vejamos:

Hermes Trimegisto – "O três vezes Poderoso"; "O três vezes Sábio". Não há um só registro histórico confiável sobre o mesmo. Viveu no Egito por volta do ano 2.900 a.C., há quase 5 mil anos, e possuía a ciência do antigo Egito. E assim expressa suas ideias: "Feliz aquele que à sua entrada no mundo subterrâneo puder dizer ao seu coração: "Ó, meu coração, não me acuseis perante o Deus do julgamento, porque não matei, não traí, não persegui viúvas, não roubei o leite das criancinhas, não provoquei lágrimas, não menti diante dos tribunais, não obriguei aos trabalhadores fazer mais do que podiam, não fui negligente nem preguiçoso, não violei as medidas, nem ultrapassei os limites do meu campo, conciliei-me com Deus por amor ao bem, dei pão ao faminto e de beber ao sedento, vesti os nus e dei condução aos que não podiam prosseguir."

Moisés, "O salvo das águas" - Hebreu, mas nascido no Egito, viveu por volta de 1.526 a.C. Revelou mediunidade, ao relatar ter visto na sarça ardente o Deus que Abraão e Jacó não conheceram por seu único e verdadeiro nome - O Eterno. Tirou os filhos de Israel do cativeiro e os conduziu às portas da Terra Prometida e lhes trouxe, do Alto do Sinai, as tábuas da lei, com os dez mandamentos que construíram a base moral judaica e cristã. "Tu adorarás somente a Deus e não talharás imagens à sua semelhança; respeitarás o dia de descanso, não jurarás em vão, não darás falso testemunho, não cobiçarás a mulher e os bens do próximo, não matarás nem roubarás e honrarás pai e mãe.

Zaratustra - Viveu na antiga Pérsia, hoje Irã, nos meados do século VII a.C. Ensinou os homens a repelir toda idolatria e só adorou o Senhor Onisciente, Ormuzd, semelhante pelo corpo à luz, e, pelo Espírito, à Verdade. "Teu dever é antecipar o Grande Dia, secundando a obra de Ormuzd com bons pensamentos e boas ações.

Os que praticam a caridade e fazem brilhar a lei fazem muito mais do que se oferecessem mil sacrifícios."

Confúcio - Viveu na China de 551 a.C. até 479 a.C. Foi ele quem deu à China sua cultura moral, cem vezes mais preciosa que a civilização material. Sua doutrina consiste em ensinar a retidão do coração e o amor ao próximo. Afirmou que há uma regra universal de conduta que se expressa na palavra reciprocidade. Foi o primeiro a formular a máxima: "Não façais a outrem o que não quereis que te façam". E dizia ainda: "Tu, que não és capaz de servir aos homens, como queres servir aos deuses? Tu, que não conheces a vida, como queres conhecer a morte!?

Buda "O Desperto" - Viveu na China, século VI a.C. Gautama renunciou aos direitos de nascimento, como príncipe, e fixou, ele mesmo, sua passagem para o Nirvana, a fim de prosseguir seus esforços para abrir aos homens o caminho que conduz à extinção do sofrimento; esse caminho, disse, é o desinteresse e o altruísmo. Tu não matarás, não roubarás, não cometerás adultério, não mentirás e te absterás de bebidas enervantes. Tu retribuirás o mal com o bem. A generosidade, a cordialidade e a abnegação são para o mundo o que a mola é para o carro. Sua lei, falou, era a do perdão para todos.

Platão - Viveu em Atenas, Grécia, 428 a.C. Platão era discípulo de Sócrates e ensinou aos homens a se conhecerem a si mesmos. Desvendou ao mundo as ideias puras e as realidades eternas. Afirmou que os nossos sentidos somente percebem as sombras da realidade, isto é, dos fenômenos físicos, como no espírito, tendência sempre crescente para o verdadeiro, para o belo e para o bem, tríplice realização do Divino. Afirmou que no extremo dos limites do inteligível está a ideia do bem e, que não se deve dizer que a justiça consiste em fazer o bem a seus amigos e o mal aos inimigos. Que justo é aquele que vive em perfeita harmonia consigo mesmo, com seus semelhantes e com a ordem do Universo.

Jesus de Nazaré - Nasceu na Galileia, marco zero da Era Cristã. Disse que veio para cumprir e não para abolir a lei de Moisés. Proclamou o direito de consciência ao dispensar intermediários para se comunicar com o Pai Celeste. E foi à samaritana que disse: "Dia virá em que não se adorará o Pai nem em Gerezim nem em Jerusalém, mas como Ele deseja, isto é, em Espírito e Verdade". Aos fariseus, respondeu que o maior dos mandamentos é "Amar a Deus com todas as forças e ao seu próximo como a si mesmo". Aos que lhe perguntaram qual o caminho para o reino dos céus, declarou: "Procurai em primeiro lugar a justiça, e o resto vos será dado em abundância".

Maomé - Viveu em Meca, Medina, na Arábia. Proclamava-se profeta por excelência do Islã (daí islamismo). Dizia que Deus é Deus e não há outro Deus. Alá é Deus, e Maomé, o seu profeta. Alá reúne a justiça, a cordialidade e a generosidade. Que a ordem de Alá é para que nos instruamos, pois os sábios serão os herdeiros dos profetas. Asseverou que a santidade não consiste em voltar, na prece, a face para o Oriente ou para o Ocidente, mas em fazer, por amor a Deus, caridade aos órfãos, aos pobres e aos forasteiros. Que ninguém pode ser chamado verdadeiro crente se não desejar a seu irmão o que para si deseja. (Eu, de minha parte, não vejo contradição nos ideais e nas doutrinas desses profetas, de Hermes Trimegisto a Maomé. Vejo, sim, coerência entre todos os pensamentos. Todos pregando a mesma coisa.)

Allan Kardec - Pseudônimo de Hippolyte Léon Denisard Rivail, nascido em Lyon, França, em 3 de outubro de 1804. É o codificador da doutrina espírita. Veio demonstrar a realidade do mundo invisível, retirando dos fenômenos o caráter místico, de magia, demonstrando que eram regidos por leis naturais. Demonstrou que nada há de sobrenatural entre o que acontece no mundo material e no espiritual, ao apresentar os mecanismos de comunicação entre os dois mundos e a evidência da vida após a morte. Éramos espíritos antes de encarnar e continuaremos espíritos em outro plano, após a morte física. A ideia de imortalidade e eternidade aqui está patente. Nascer, morrer, tornar a nascer, morrer, renascer. Pela razão, apontou a lei da reencarnação, processo evolutivo para os homens. Não trouxe uma nova moral, mas restabeleceu o Evangelho de Jesus, sem o desfigurar em uma única vírgula, sem a pretensão de converter ninguém. (Também não vejo contradições nos ensinamentos de Kardec, codificador, com aquelas pregadas pelos mestres da espiritualidade superior, avatares.)

Agora, samaritana, uma última pergunta:

Se todas as religiões e todas as doutrinas se encaixam umas nas outras perfeitamente, quando não se complementam, por que continuamos com tanta intolerância, colocando Oriente contra Ocidente, numa luta que parece interminável? O princípio Inteligência Suprema, Deus, é diferente para cada um de Seus filhos?

Observações desnecessárias

Judeus e galileus discriminavam os samaritanos, embora cultuassem o mesmo Deus. Divergiam sobre o local em que Ele devia ser adorado: Jerusalém ou Gerezim.

Os judeus nutriam um desprezo pelos galileus, dizendo que daquele local nada de bom podia vir. E veio Jesus, depois chamado o Cristo.

O nome da cidade samaritana, Sicar, serviu para denominar os sicários, portadores de um punhal com o mesmo nome, conhecidos como assassinos violentos.

De Hermes Trimegisto herdamos a palavra hermética que significa totalmente fechado, isto porque os esotéricos mantinham em segredo seus conhecimentos, fechados a sete chaves.

Oração do amanhecer[6]

Senhor, no silêncio deste dia que amanhece, venho pedir-te a paz, a sabedoria, a força.
Quero olhar hoje o mundo com olhos cheios de amor, ser paciente, compreensivo, manso e prudente, ver além das aparências Teus filhos como Tu mesmo os vês e, assim, não ver senão o bem em cada um.
Fecha meus ouvidos a toda calúnia, guarda minha língua de toda maldade.
Que só de bênçãos se encha meu espírito.
Que eu seja bondoso e alegre. Que todos, quantos se achegarem a mim, sintam Tua presença.
Reveste-me de Tua beleza, Senhor, e que, no decorrer deste dia, eu não Te ofenda e Te revele a todos.

6 Psicografada por dona Zita, em Piquete (SP), minha terra natal. Transcrevo-a em sua homenagem.

Coragem: viver com o coração

Coragem é a primeira das qualidades humanas, porque ela garante todas as outras.

Aristóteles

Já nos foi dito que a reencarnação tem como objetivo final a nossa evolução espiritual. Todos, com absoluta certeza, cada um no seu devido tempo, alcançaremos essa verdade.

Nossa evolução acontecerá porque somos dotados dessa virtude poderosa a que se referiu Aristóteles: a Coragem, mesmo que não a percebamos ou a sintamos no nosso dia a dia.

Santo Agostinho, quando se referiu à Esperança, disse que ela tem duas filhas maravilhosas e lindas: a Indignação e a Coragem.

À Indignação, a Esperança ensinou a não aceitar as coisas como estão e, à Coragem, ela ensinou a mudar as coisas como estão, mas aceitar as coisas como são.

À Coragem, a Esperança ainda ensinou o significado da prudência e, assim, a evitar a temeridade e a valentia, pois ser prudente não é ser covarde, mas medir as consequências dos atos a serem praticados.

É assim que a coragem pode nos conduzir a atos de heroísmo, de bravura; mas, também, a atos de humildade, pois ela é a contrapartida do medo, o seu avesso, o domínio do medo, mas não a sua ausência.

A coragem crê em Deus, a força maior. "Se Ele é por nós, quem será contra nós"?

Foi Miguel de Cervantes, lá pelos idos de 1500, quem fez a seguinte citação: "Quem perde seus bens, perde muito; quem perde um amigo, perde mais; mas quem perde a coragem, perde tudo."

Com certeza Cervantes conhecia a afirmação de Aristóteles: a coragem sustenta todas as virtudes. Estando perdida, não há sustentação para as demais.

Muitos já afirmaram que há coragem para tudo, até para matar, roubar etc. Eu lhes digo que isso não é coragem; é impulsividade e temeridade, é covardia. Vejam este caso:

> Uma moça está sentada na beirada de um viaduto altíssimo. Em baixo o fluxo de carros é ininterrupto. Ela está prestes a se jogar... Busca uma falsa coragem para o ato de impulsividade. Nesse instante ouve passos... Uma senhora idosa se aproxima lentamente.
>
> A moça lhe diz:
>
> - Não tente me impedir!
>
> Sua voz está embargada.
>
> - Não vou impedir nada, moça - contrapõe a senhora, ponderando:
>
> - Se você já se cansou da vida, imagine eu, velha como estou!
>
> - A vida não tem mais sentido para mim. Não sin-

to mais alegria de viver. Parece que vim a este mundo só para sofrer.

- Não te estou julgando e nem sei o que te torna tão infeliz. Cada um de nós carrega suas próprias dores. Eu já estive sentada aí, nesse mesmo lugar. Mas já havia tomado tantas decisões erradas na vida, que achei que estaria cometendo a maior delas.

- Você não saltou para a morte, senhora?

- Não. E não me arrependo, pois foi a primeira decisão acertada que tomei em toda minha vida. Eu também pensava que, com a morte, acabariam todos os meus problemas e sofrimentos. Mas descobri que a vida continua após a morte e que os problemas e sofrimentos só se multiplicariam se tomasse a decisão errada. Queria poder ter a sua idade e viver a vida que você quer abandonar.

A moça titubeou, dando um passo atrás.

- Ouça o que vou dizer agora, minha jovem. Saltar não será um ato de coragem. Mas continuar a viver, isto sim. Prossiga sua jornada. Carregue a sua cruz. E então estará livre.

A moça ficou atordoada. Olhou em volta e não viu mais a senhora. Da mesma forma súbita como surgira à sua frente, a figura da senhora desapareceu.

Agora quero que vocês decidam: Qual deve ser a atitude da moça? Diante das encruzilhadas da vida o que você faria? Na ausência da coragem, o que você tem feito?

Todos concordam comigo que, se a coragem é uma virtude, ela está presente no nosso cotidiano, nas situações mais diversas e inusitadas, em nossas ações e atitudes.

Os homens sempre tiveram coragem para empreender grandes obras, como vencer abismos, construindo pontes. Para desbravar o Cosmo, lançando-se no espaço, para contemplar a Terra das alturas... Uma esfera azul diminuta, na imensidão.

Com coragem, o homem estuda, pesquisa, descobre a cura para as doenças:

A coragem está em nosso dia a dia.

É preciso coragem e competência para pilotar um Boeing, um transatlântico, um carro, uma bicicleta... Para montar um cavalo, atravessar uma avenida a pé.

É preciso coragem para se submeter a uma cirurgia e coragem para realizá-la. Ao médico, ao piloto e a cada um de nós, muitas vezes a coragem se sobrepõe à competência.

Quantos profissionais competentes não se dão conta da coragem que os leva às salas de cirurgias ou ao *cockpit* de um avião!

É preciso coragem para enfrentar o inimigo no campo de batalha, para, como policial, enfrentar a violência e a criminalidade nas cidades, para apagar incêndios, resgatar e salvar vidas...

Coragem e competência (com responsabilidade e não arrojo) são as virtudes que têm conduzido a humanidade e cada um de nós, em particular, à evolução. Mas a coragem, às vezes, não se mostra nem aparece e, por isso, não tomamos consciência, pois é uma virtude da alma. E os homens a têm confundido com valentia, bravata, temeridade, arrojo, estupidez, destemor. Esquecemos facilmente os ensinamentos do Mestre: "Sede prudentes, como cordeiros em meio de lobos".

Quantos não enfrentam perigos diários com bravura, mas sem medir consequências, adrenalina por adrenalina? Esquecemos os riscos e nos lançamos em aventuras perigosas. Isso não é coragem.

Quantos não confundimos coragem com força?

É preciso força para ser firme; mas coragem para ser gentil.

Força para se defender; coragem para não revidar.

Força para ir à guerra; coragem para se render.

Força para tomar decisão; coragem para reconhecer o erro.

Força para estudar; coragem para reconhecer nossa ignorância.

Força para dizer a verdade; mas coragem para vivenciá-la.

Com a força e a coragem, aliadas à competência, o ser humano conquista grandes vitórias. Mas a maior vitória é vencer nossas imperfeições e, para isso, só nos basta coragem. Tenho que vencer a mim mesmo, para não tentar vencer o próximo.

A coragem está presente na moça que se descobre grávida, como mãe solteira. A gravidez é constatada de alto risco para ela e para o embrião. Ela enfrenta os preconceitos, a intolerância da família e as dificuldades, nutre o feto e dá à luz. Ela não sabe de onde tirou tanta vontade de vencer, mas a coragem a estava alimentando.

A coragem está presente no homem que esquece e perdoa as ofensas. E dá novo voto de confiança àquele que o feriu.

Está presente no pai e na mãe que relevam a indiferença e o abandono dos filhos.

No trabalhador que vive com dignidade, com o suor de seu labor, diante de tantas facilidades, falcatruas, negócios escusos e corrupções.

No sitiante que se levanta ao raiar do sol, e sai a semear, sai para cuidar da plantação e para colher.

Está em todos nós que nos aceitamos como somos, com nossos erros e acertos, graças a Deus!

Daquele que enfrenta o vício das drogas, do alcoolismo.

Corajosos somos todos nós nesta escala evolutiva, lutando contra nossa própria inveja, ciúmes, rancores.

A coragem nos fortalece... É calma e segura, fonte de equilíbrio e alimento da vida.

Mohandas K. Gandhi, o *mahatma*, com toda sua brandura, com um não à violência, venceu os ingleses. Ele dizia: "A coragem não vem de uma capacidade física; e, sim, de uma vontade indomável".

Quando a coragem se esvai, aparecem as doenças da alma: depressão, síndrome do pânico e fobias de todas as ordens.

É preciso levantar-se ao acordar e dar graças a Deus por um dia novo a ser vivido.

Coragem, enfim, é viver intensamente com o coração, de acordo com o que diz o coração. Pare, ouça a voz de seu coração!

Tim Maia é quem cantou:

> Faz de conta que ainda é cedo
> Tudo vai ficar por conta da emoção
> Faz de conta que ainda é cedo
> E deixar falar a voz do coração.[7]

7 "Como um dia de domingo". Composição de Paulo Massadas/Michael Sullivan, interpretada por Tim Maia e Gal Costa.

Não faça de conta que ainda é cedo, pois sempre é cedo para recomeçar... Antes tarde do que mais tarde. Deixe falar a voz do coração. Coragem: agir com o coração.

Em *O pequeno príncipe*, obra de Antoine de Saint-Exupéry, a raposa diz que o essencial é invisível para os olhos, só se vê bem com o coração.

CRÍTICA

As críticas não são outra coisa que o orgulho dissimulado. Uma alma sincera consigo mesma nunca se rebaixaria à crítica. Ela é câncer do coração. Todas as nossas palavras serão inúteis se não brotarem do fundo do coração. As palavras que não dão luz aumentam a escuridão.

Madre Teresa de Calcutá

Lá pelos idos de 1950, em Piquete, minha professora primária, Conceição Godoy Soares, no Grupo Escolar Antônio João, encantava-nos com a maneira como contava as fábulas envoltas em mistérios e com rico conteúdo moral.

Nunca me esqueci da história do velho, do menino e do burro. Era assim:

> Viajavam, por uma estrada poeirenta, um velho, que puxava um burro, acompanhado de um menino.
>
> Ao passarem por uma aldeia, ouviram o comentário de um grupo de pessoas:
>
> – Vejam que idiotice! Um burro forte e saudável poderia estar carregando o velho, e o menino que fosse puxando.

> Mais à frente, pensando no que tinha ouvido, o velho montou sobre o burro. E o menino seguia a pé, puxando o animal.
>
> À saída da aldeia, ouviram outro comentário:
>
> - Como pode um senhor, montado, permitir que o menino siga a pé? Não tem consideração para com o garoto?
>
> Aceitando o que ouvira, o velho apeou e colocou o menino no lombo do burro.
>
> Em seguida, ao deixar a aldeia, ouviu novo comentário:
>
> - Um animal forte, que suportaria duas pessoas, está carregando um menino. Não sei quem é o mais "burro" dos três!
>
> Assim, dando crédito ao que ouvira no caminho, o velho também montou no burro.
>
> Na entrada de outra aldeia, outro grupo, observando a cena, ameaçou denunciar o velho por maus-tratos aos animais.
>
> - Onde já se viu tal abuso? É um desrespeito para com o burro...
>
> O velho e o menino apearam e seguiram a viagem do modo como a iniciaram.

Uma fábula aparentemente simples, que na vida real tem uma conotação moral muito rica. Dona Conceição encerrava sua história de uma forma magistral e nos dizia:

- Não se deixem cair nessa armadilha. A opinião dos outros pertence a eles. Sigam as suas vidas com suas próprias decisões. Quem não se decide por si mesmo, arcará com o ônus de seguir a decisão dos outros. O fato de não decidir já é uma decisão.

Embora ciente de tudo isso, quantas vezes já não me surpreendi nessa armadilha, ao permitir que uma crítica me desestabilizasse!

A palavra "crítica", do grego *ckritike*, quer dizer apreciação minuciosa. É um processo de purificação. Consiste em fazer a análise de um fato, de um evento, de um acontecimento, de uma obra, de uma conduta, de uma ideia, de uma iniciativa, de uma proposta etc.

Isto porque cultivamos o hábito de apontar erros, enxergar falhas, descobrir defeitos. Advém do nosso senso de justiça ainda pouco desenvolvido, qual seja, o de enxergar um cisco no olho do outro e não perceber a trave no próprio olho.

Toda vez que rotulamos uma pessoa, com adjetivos vários, já proclamamos nossa justiça e tecemos a crítica. Pior quando a fazemos pelas costas, denegrindo a imagem do próximo.

A crítica se faz presente em nossas vidas a todo o instante, desde o momento em que acordamos, pela manhã: "O café está amargo, ou doce demais... O pão está murcho! A manteiga está endurecida! O leite está frio!"

Mas amargo é quem já se levanta assim: "A roupa ficou ridícula em mim. O corte de cabelo não combina! O esmalte está meio estranho... A manicure colocou um esmalte diferente em uma das unhas... Será que acabou a cor que ela estava usando?"

Pior ainda, à hora do almoço. "O arroz está salgado... O feijão está sem sal. O bife ressecado!"

E assim vai o dia inteiro, em casa, na escola, no trabalho, para citar alguns exemplos.

O que pesa primeiro na crítica é o fato de quem a está proferindo; depois, o tom agressivo que está sendo usado, e, em seguida, o contexto no qual está sendo feita. Quando a crítica parte de uma pessoa querida, esta é mais dolorosa. Quando as palavras soam duras, a situação fica desconcertante. O local onde o fato se dá, isto também pode tornar a crítica humilhante, provocando mágoas e ressentimentos.

Existem situações em que é necessário nos colocarmos à prova, expor nossa produção, nossos pensamentos e submetê-los à apreciação e à análise dos outros, como no caso de um exame escolar, exposição de monografia, apresentação de um livro, uma obra de arte...

Em outras, somos avaliados e criticados mesmo sem necessidade alguma. Não estamos defendendo uma tese, uma monografia, expondo um quadro, obra nenhuma. Mas somos criticados pelo que fazemos ou deixamos de fazer, por falar ou por calar. Foi assim até com Jesus, criticado porque comia em casa de fariseus; porque andava na companhia de cobradores de impostos ou porque mulheres o acompanhavam.

"Os cães latem, enquanto a caravana passa." Não podemos cair na armadilha. A opinião do outro só pertence a ele próprio. E não pode nos afetar.

A crítica pode ser construtiva ou destrutiva. Uma é positiva. A outra, negativa.

Positiva é aquela que reforça nosso comportamento. Aquele que busca corrigir e melhorar atitudes, posturas e desempenho. Negativa é a que tem o objetivo de ferir, magoar, ofender, desmoralizar e humilhar. Não sinaliza pontos positivos ou possibilidades de melhora.

A primeira é incentivadora e motivadora, promovendo, assim, o crescimento. A segunda é desestimuladora e aniquila a autoestima das pessoas. É mordaz e ferina. O objetivo é ferir.

Alguém escreveu "Omem" sem H.

O construtivo dirá:

- Você quase acertou. Só se esqueceu do H.

O destrutivo dirá:

- Como você é burro! Você é um analfabeto, ignorante. Não sabe que homem se escreve com agá?

Uma coisa é buscar reverter situações e comportamentos indesejáveis; outra coisa é a maldade expressa, ou com uma fina ironia. A construtiva mostra o erro e aponta a correção sem ofender, diminuir ou humilhar. Se de um lado uma agrega valores em nossas vidas, a outra só nos causa danos.

Por isso devemos tomar cuidado com nossas críticas, nossas palavras. André Luiz/Chico Xavier já nos advertiram: "A palavra é a bússola de nossa alma, onde estivermos".

Às vezes uma crítica, mesmo sendo construtiva, não é bem aceita. Tudo depende da capacidade que se tem de recebê-la e assimilá-la. A capacidade pode ser de vários tamanhos: balde, um copo ou um cálice. Umas pessoas são mais receptivas e são baldes; outras, nem tanto, e são copos. Outras, menos ainda, são cálices.

Daí a gerar melindres, o risco é muito grande. Quem tem baixa autoestima é por isso mesmo mais vulnerável e magoa-se facilmente.

O triste é perceber que nas casas espíritas isso é fato corriqueiro. Não sem razão ouve-se dizer comumente: "Como o espírita é melindroso! Não se pode falar nada que alguns já se abespinham, discutem e mudam de casa". E bem sabemos que isso de nada adianta. Na outra casa o mesmo também pode acontecer.

Nada mais destruidor que uma pessoa melindrosa. Com ela, estamos pisando em ovos. O melindre, fruto do orgulho, entra na pauta de nossa renovação.

Por isso, diante de uma crítica, temos que tomar alguns cuidados:

Tenhamos controle. Não sejamos impulsivos. Não respondamos de imediato com o que nos vem à mente. Passemos pela peneira do bom-senso primeiramente. Pois alguns comentários podem nos ser úteis, e devemos agradecer por eles.

Procuremos entender o que está sendo dito nas entrelinhas. Vejamos se não há inveja, ciúme. Podemos ser um obstáculo às pretensões do outro.

Paul Valéry disse: "Quem não pode atacar um argumento, ataca o argumentador". E por falar nisso, há um comentário de Carlos Hilsdorf que merece nossa atenção:

> Não se atiram pedras em árvores sem frutos; toda tentativa de apedrejamento visa sempre derrubar os frutos. Inocente ignorância dos apedrejadores, porque, mesmo conseguindo o feito, se esquecem de que os frutos caídos no chão experimentarão o tempo e a decomposição, voltarão a frutificar. Já as pedras atiradas, agora caídas no chão, permanecerão pedras, e as mãos que as atiraram terminarão

vazias, tão vazias quanto o coração e a alma que lhes ativaram o movimento.

Agora reflitamos: quem decide se uma crítica é construtiva ou destrutiva? Quem a faz ou quem a recebe? Grande parte de nós dirá que é quem a recebe, pois o criticado é balde, copo ou cálice.

Se isso é verdade, por que ouvimos: "Posso fazer uma crítica construtiva?" Ora, nesse caso a pessoa já a classificou como construtiva! Imagine que a pessoa que irá recebê-la tenha baixa autoestima ou a "síndrome de flor de estufa", isto é, do tipo que tudo lhe magoa. Com certeza, receberá a crítica como destrutiva.

Eu, pessoalmente, não conheço ninguém que goste de ser criticado, mas não conheço ninguém que não goste de criticar. Fica fácil entender por que só a autocrítica é possível e caminho para a renovação. É preciso respeitar nossas limitações. Apenas cada um de nós, só nós mesmos, podemos buscar nossa superação e expandir os próprios limites.

Críticas, em muitos casos, significam apontar erros e falhas, e raras pessoas estão aptas a admitir seus erros.

Vejamos este caso.

Durante uma palestra, auditório lotado, o professor enfeita a mesa com vasos de flores, coloca alguns ornamentos e a ilumina. A toalha é branca e vê-se uma cesta com frutos maduros. No centro, coloca um sapo. Aí, pergunta ao auditório: O que estão vendo? E todos respondem: um sapo nojento.

Assim somos nós; só encontramos defeitos.

Ainda bem que o café está amargo; é só colocar um

pouco mais de açúcar. Amargos somos nós que já acordamos assim.

Aprendamos a agradecer pelo café da manhã, a quem colocou a mesa farta e a quem arrumou a casa.

Fernando Pessoa, poeta português, disse: "O universo não é uma ideia minha, mas a minha ideia sobre o universo é uma ideia minha".

Tenhamos nossas próprias ideias. Quanta saudade, dona Conceição! "Sapateiro, não vá além das sandálias."

> Sejamos donos de nossa boca para não sermos escravos de nossas palavras. Calar, sobre sua própria pessoa, é humildade. Calar, sobre os defeitos dos outros, é caridade. Calar, quando se está sofrendo, é heroísmo. Calar, quando o outro está sofrendo, é covardia. Calar diante da injustiça é fraqueza; quando o outro está falando, é delicadeza; quando o outro espera uma palavra, é omissão; quando não há necessidade de falar, é prudência.
>
> **(Autor desconhecido.)**

Envelhecer

Lembra-te do teu Criador nos dias da tua juventude, antes que venham os dias maus e cheguem os anos, dos quais dirás: não sinto prazer neles.

Eclesiastes (Cap.12:1-8)

No dia 1º de dezembro de 2014, o noticiário de TV anunciou que a expectativa de vida para os brasileiros que nasceram em 2013 será a seguinte: as mulheres viverão 78,6 anos; e os homens, 71,4 anos. É claro que é uma expectativa, porque muitos ficarão pelo caminho e outros ultrapassarão, em muito, essa marca do tempo. O que a ciência não sabe é que a nossa alma não envelhece nunca. O nosso corpo recebe o impacto do tempo, mas a alma é imortal. Como saberemos se ela envelheceu?

Eu não sei qual era a expectativa de vida para quem, como meu pai, nasceu em 1915. Nem ele sabia, mas desencarnou aos 70 anos. Minha mãe nasceu em 1923 e viveu bem mais, até os 87 anos. Já naquela época existiam mais viúvas que viúvos. As mulheres sempre viveram mais. Será que a expectativa de vida já era de 70 anos?

Eu não sei qual era a expectativa de vida para quem,

como eu, nasceu em 1942. Ainda garoto olhava para as pessoas de 40 e 45 anos e as achava muito velhas: cansadas, cabelos brancos, sem dentes e sem expectativas de vida. Até parecia não existir mais ideal em suas vidas. Hoje estou com 74 anos e, com certeza, já ultrapassei a expectativa de vida para quem nasceu após a Segunda Guerra Mundial.

É claro que a Ciência Médica e Farmacêutica, a evolução tecnológica e a qualidade de vida (higiene, hábitos, alimentação) interferiram em favor da longevidade. Penso que a expectativa de vida para os que nasceram em minha época seria em torno de 50 ou 60 anos. Alguns já partiram deste mundo; outros, com minha expectativa de vida, já ultrapassaram a de quem nasceu em 2013.

A *TV Globo* só anunciou este fato porque a ideia de perspectiva e expectativa de vida tem embasamento científico. Mas a vida é uma caminhada gloriosa e, absolutamente, ninguém sabe o que os espera em cada curva.

Outros poderiam dizer que a jornada é inglória e que nossa luta é em vão. E, mesmo diante da expectativa de vida prolongada, muitos partirão cedo. Só vos digo que nada é em vão. De nada adianta viver muitos anos e não trabalhar para a evolução espiritual. É como Januária, na janela, vendo a vida se esvair diante de seus olhos. Uns vivem pouco, mas conseguem alcançar tal plenitude. Não é a quantidade de anos vividos, mas a qualidade de como se viveu esses anos.

Começamos a envelhecer no dia em que nascemos ou desde a nossa concepção. Passaremos pela infância, adolescência, juventude, maturidade e velhice e poderemos ultrapassar as marcas estipuladas pela ciência.

Mário Prata, em uma das suas crônicas, fala da envelhescência, que é uma preparação para a velhice, assim como a adolescência é uma preparação para a maturidade. Diz ele que se engana aquele que acha que o homem maduro fica velho de repente, assim da noite para o dia. Antes vem a envelhescência.

Envelhecer é um processo lento e constante do desgaste do organismo, da troca permanente de nossas células. É tudo natural e nós não nos apercebemos disto. Vivemos os afazeres do dia a dia e, de repente, olhamos no espelho e nos achamos velhos. É que somos desatentos: minha constatação não ocorreu de ontem para hoje. Deitei-me maduro e acordei velho.

Velho, não! Apenas idoso, qualidade de quem viveu muitos anos e ultrapassou a barreira da estimativa de vida. Velho é quem já perdeu o interesse e o sentido da vida. Velho é o que não vive e está, há muito tempo, aguardando a morte chegar.

Ah! E a envelhescência? Processo lento de tomada de consciência de que estamos avançando no tempo para sermos idosos.

Quem quer somar muitos e muitos anos, precisa admitir que, um dia, terá de arcar com todas as circunstâncias que implicam na vida do idoso.

Algumas pessoas (homens e mulheres) querem envelhecer e permanecer com a aparência física e mental do jovem ou de uma pessoa madura. E assim se iludem. O tempo não poupa ninguém. Ainda que digam: "Nossa! Você está parecendo que tem 48 anos", quando sabemos que passamos dos 60. Que orgulho, que contentamento: desafiamos o tempo e guardamos o frescor da juventude.

Não sei quem quis nos enganar, fazendo-nos acreditar que o idoso está na melhor idade, a terceira idade. Eu brinco, dizendo: "Só se for para o médico, o farmacêutico e o dentista". O que se gasta em cosméticos e cirurgias plásticas, é uma enormidade! Mas não tenho de gastar para manter minha alma sempre jovial. O ser humano fica velho, já disse, porque não soube enriquecer a alma!

Mas quantos jovens não existem desiludidos da vida, cansados e sem ânimo? Por isso que vemos a relatividade em se viver mais ou menos. Um dia teremos de partir e, apesar de termos vivido muitos anos, podemos não ter conseguido avançar como ser espiritual.

Não involuímos, isto é, ninguém retrocede na escala evolutiva. Mas podemos sim ficar estagnados, marcando passo. E então perdemos preciosas oportunidades de nos enriquecer espiritualmente, bem como contribuir para a evolução daqueles que se aproximaram de nós.

Muitas vezes, aqui de passagem, praticamos tantas lesões afetivas e retornaremos para mais provas e mais expiações. Usamos e abusamos dos outros em nome do amor, quando na verdade procuramos apenas as nossas satisfações mais grosseiras. Quantas pessoas passaram em nossas vidas e que foram abandonadas, infelizes no amor? O preço que teremos de pagar é muito alto.

Pouco importa em que fase da vida, será sempre possível recomeçar, começar de novo e mudar posturas frente à vida e, no fim, poder dizer: "Travei um bom combate; parto com a consciência do dever cumprido".

Não existe fase boa para se viver, pois todas são

boas. Não existe a melhor idade, pois, todas são boas para serem vividas. Tudo passa numa rapidez incrível. Ainda há pouco era cedo. Agora, já é tarde. Já está anoitecendo. O que estamos esperando para tornar o novo de novo? Ou será que viveremos nesta Terra para sempre? Mas como? Se aqui não é nossa morada? Já é meia-noite em nossas vidas.

Estamos aqui encarnados com um único objetivo e, para isso, não conta o tempo a ser vivido. Pouco importa se por 40, 60, 80 ou 100 anos.

Na Questão 132 de *O Livro dos Espíritos*, Allan Kardec pergunta:

> **- Qual o objetivo da encarnação dos espíritos?**

E os espíritos superiores deram-lhe a seguinte resposta:

> - Deus lhes impõe a encarnação com o objetivo de fazê-los chegar à perfeição. Mas existe outro objetivo, que é o de colocar o espírito em condições de cumprir sua parte na obra da criação.

Isso significa que é com nosso trabalho que auxiliaremos na construção do mundo melhor. O mundo será melhor, se formos melhores. E esses dois objetivos devem ser buscados até nosso último suspiro.

Avancemos na idade para sermos idosos (sábios), e não velhos ranzinzas, mesquinhos e rabugentos. Conhecemos jovens que, em tenra idade, estão velhos; e pessoas idosas que continuam jovens.

Recebi de meu amigo Didi Pelegrini, por *e-mail*, um texto que exemplifica o que afirmamos:

> Envelheço quando me fecho às novas ideias e me torno radical...
>
> Quando o novo me assusta e minha mente insiste em não aceitar...
>
> Quando me torno impaciente, intransigente, e não consigo dialogar...
>
> Quando meu pensamento abandona a sua casa e retorna sem nada acrescentar...
>
> Quando muito me preocupo e depois me culpo, porque não tinha tantos motivos para me preocupar...
>
> Quando penso demasiadamente em mim mesmo e, consequentemente, eu me esqueço dos outros...
>
> Quando penso em ousar e já antevejo o preço que terei de pagar pelo ato, mesmo que os fatos insistam em me contrariar...
>
> Quando tenho a chance de amar e deixo o coração que se põe a pensar: Será que vale a pena me dar? Será que vai compensar?...
>
> Envelheço quando permito que o cansaço e o desalento tomem conta de minha alma, que se põe a lamentar...
>
> Envelheço, enfim, quando paro de lutar!

Quando ouço a canção "Sapato velho", cantada pelo grupo Roupa Nova, tenho a exata noção do que é envelhecer com dignidade. Sapato Velho e Roupa Nova... Nada mais contraditório!

Sapato velho

Você lembra, lembra?
Daquele tempo?
Eu tinha estrelas nos olhos
Um jeito de herói
Era mais forte e veloz
Que qualquer mocinho de cowboy...
Você lembra, lembra?
Eu costumava andar
Bem mais de mil léguas
Pra poder buscar
Flores de maio azuis
E os seus cabelos enfeitar...
Água da fonte
Cansei de beber
Pra não envelhecer
Como quisesse
Roubar da manhã
Um lindo pôr de sol!
Hoje, não colho mais
As flores de maio
Nem sou mais veloz
Como os heróis
É... Talvez eu seja simplesmente
Como um sapato velho
Mais ainda sirvo
Se você quiser
Basta você me calçar
Que eu aqueço o frio dos seus pés.

Ao encerrar, transcrevo a poesia de Cecília Meireles,

O retrato

Eu não tinha este rosto de hoje,
Assim calmo, assim triste, assim magro,
Nem esses olhos tão vazios.
Nem o lábio amargo.
Eu não tinha essas mãos sem força,
Tão paradas e frias e mortas,
Eu não tinha este coração
Que nem se mostra...
Eu não dei por esta mudança,
Tão simples, tão certa, tão fácil:
- Em que espelho ficou perdida
A minha face?

Escala de valores: Como Jesus nos vê

O homem por ser bom e fazer o bem só cumpre sua obrigação.

William Saroyan

Mark W. Baker, em seu livro *Jesus, o maior psicólogo que já existiu*, pergunta se as pessoas são fundamentalmente boas ou más. Esta mesma pergunta, nós já fizemos várias vezes. Rotulamos algumas como boas e outras como más. Mas o próprio Baker, nessa obra, afirma que Jesus não chegou a nenhuma conclusão. Mas nos faz refletir sobre a grandiosidade da parábola do bom samaritano.

No texto do Evangelho de Lucas[8], o adjetivo *bom* não aparece uma única vez. Jesus não empregou essa palavra, fala simplesmente da figura do samaritano, proveniente da província de Samaria, mais ao norte da Judeia. A parábola ficou conhecida como a do "bom samaritano", porque os judeus e samaritanos não se davam bem. Não chegavam a ser inimigos, mas se suportavam apenas. Entre eles já existia, desde muitos séculos, fortes preconceitos raciais.

8 Lucas. Cap. 10, versículos 30 a 35.

Vejamos o que diz o Evangelho de Lucas:

> Jesus disse: Descia um homem de Jerusalém para Jericó. Pelo caminho caiu em poder de ladrões que, depois de o despojarem e espancarem, se foram, deixando-o semimorto. Por acaso desce pelo mesmo caminho um sacerdote. Vendo-o, passou ao largo. Do mesmo modo, um levita, passando por aquele lugar, também o viu, e seguiu adiante. Mas um samaritano, que estava de viagem, chegou ao seu lado e, vendo-o, sentiu compaixão. Aproximou-se e tratou-lhe as feridas, derramando azeite e vinho. Fê-lo subir em sua montaria, conduziu-o à hospedaria e cuidou dele. Pela manhã, tomou duas moedas de prata, deu-as ao hospedeiro e disse-lhe: Cuida dele, e o que gastares a mais, na volta eu te pagarei.

Nesta passagem do Evangelho identificamos alguns personagens, todos anônimos: um homem assaltado, espancado e abandonado para morrer, os ladrões, um sacerdote e um levita, ambos da alta classe judaica, e um samaritano, inimigo dos judeus, bem como um hospedeiro.

Jesus não se atém a nenhum deles, mas realça sobremaneira a figura do samaritano. Jesus não rotula nenhum deles, não os chama de maus ou de bons, não usa escala de valores, não proclama qualquer princípio axiológico.

Jesus queria, na verdade, realçar o comportamento do samaritano, para identificá-lo como a figura do "próximo", de quem é o próximo de quem. O que teria levado o samaritano a socorrer e cuidar do homem ferido, jogado à margem da estrada? Mas é Jesus mesmo que nos responde: foi o sentimento de compaixão.

Por que algumas pessoas, em suas vidas se comportam como ladrões, pessoas violentas e sem compaixão? Por que muitos de nós nos comportamos como o sacerdote ou como o levita?

Tomamos conhecimento do problema, das aflições dos outros (do próximo), e passamos ao largo e não nos compadecemos.

Por que outros tantos de nós nos comportamos como o hospedeiro, que tratou do ferido por mero interesse material?

Será por que somos pessoas essencialmente boas ou essencialmente más? Rotular uma pessoa de boa ou má não será um procedimento muito simplista?

Diante da miséria humana, nos condoemos, sentimos pena ou dó; mas raramente sentimos compaixão. A compaixão nos leva a tomar atitudes, a ajudar, a socorrer, a minorar sofrimentos.

É por isso que Jesus se concentra apenas na figura do samaritano, agora chamado de *bom*. Uma pessoa se define justamente pelo relacionamento que estabelece com o próximo. O Mestre nos mostra claramente que o aspecto essencial na natureza humana é a sua necessidade de ter relacionamento amoroso com Deus e com os outros. Foi assim o procedimento do samaritano, pois não desprezou o homem agredido e ainda o socorreu.

Se Jesus tivesse se referido ao samaritano como "bom" estaria implícito que existiria a figura de um "mau" samaritano, pois esta é a nossa maneira de rotular as pessoas. É a nossa referência. Jesus não se referiu aos ladrões como maus, bem como não disse que o sacerdote e o levita eram essencialmente maus. Eles simplesmente não estavam preparados (evoluídos) para o sentimento nobre de compaixão e misericórdia.

Quando não gostamos de uma pessoa, não lhe enxergamos as qualidades. Para os judeus, os samaritanos eram essencialmente maus. Quando gostamos, não vemos defeitos. Uns são bons; outros são maus. Mas é do samaritano que parte o sentimento de compaixão.

Para Jesus, o que importa é a maneira como nos comportamos em relação aos outros (ao próximo). Nessa parábola, Jesus apenas nos apresenta um modelo de comportamento a ser seguido, pois via em todos nós a capacidade de nos tornarmos seres humanos melhores. Não nos vê como bons ou como maus, mas como filhos de Deus em busca da evolução, do amadurecimento espiritual.

Se acreditássemos que as pessoas são essencialmente más, teríamos vergonha de sermos humanos ou então nos julgaríamos melhores que os outros. Não somos bons nem maus. Somos ignorantes e imperfeitos, pois nada sabemos uns dos outros. É por isso que as religiões não podem nos tirar a condição humana, mas sim realçá-la.

Deus, sendo bom, justo e perfeito, só pode nos ter criado como seres espirituais essencialmente bons, para que, encarnados, busquemos a nossa evolução, até que um dia, na eternidade, cheguemos à perfeição. Se nos tivesse criado essencialmente maus, continuaríamos maus para sempre. Ou será que existem degraus decrescentes nessa escala, de mau para impiedoso, ou de impiedoso para cruel?

No item 6, capítulo III de *O Evangelho segundo o Espiritismo*, encontramos duas citações assustadoras:

"Espanta-se encontrar sobre a Terra tanta maldade e más paixões, tantas misérias e enfermidades de toda sorte, e concluir-se disso que a espécie humana é triste coisa."

E outra: "A situação material e moral da humanidade terrestre nada mais tem que espante, inteirando-se da destinação da Terra e da natureza daqueles que a habitam."

Ora, sabemos que a Terra onde vivemos é um mundo de expiações e provas, a escola na qual buscamos justamente a nossa evolução. Ao evoluir, ainda que lentamente, vamos encontrar espíritos de toda ordem. Os maus, não porque querem, mas porque são ignorantes. Amar o próximo de forma condicionada, para alguns, significa desamor, simplesmente porque não amam a si mesmos.

Então, como sentir compaixão? Pois é assim que Jesus nos vê: nem inocentes, nem culpados, nem bons, nem maus, mas cada um de nós buscando, no escuro, a evolução. O sacerdote e o levita, assim como nós, não praticaram o mal, mas deixaram de fazer o bem.

O Mestre sabia que o mal está no coração do homem. Ajudar, socorrer, ter o sentimento de compaixão nos custa demais. Não nos envolvemos com a miséria alheia e, assim, passamos ao largo.

"Ema, ema, ema... Cada qual com seu problema! – não é o bordão usado pelos indiferentes?

O escritor norte-americano William Saroyan estabeleceu uma escala de valores (axiologia) que retrata o que estamos falando. Ele classifica os seres humanos em bons, maus e tolos (uma terceira figura).

Os homens bons procuram tirar a dor do mundo; suas presenças representam bálsamo para a humanidade. Os maus não sabem que são maus e, onde quer que estejam, espalham a dor. Por isso devem ser amados e perdoados todos os dias. Os tolos só sentem a dor em si mesmo: pensam e agem como se nada de mal fizessem. Emporcalham o ambiente em que vivem e não se dão conta disso. Perfeitos bichos de goiaba...

Algumas vezes somos bons; outras vezes maus, e, na maioria das vezes, nos comportamos como tolos.

A escala de valores de Saroyan poderia ser outra, uma vez que os maus não são bons porque os bons não são melhores. Os tolos não são maus porque os maus não são bons. Nessa escala teríamos os excelentes, os ótimos, os bons, os bonzinhos, os maus, os ruins, os péssimos... E os tolos.

É só por isso que o homem que é bom e pratica o bem não faz mais que sua obrigação e que não espere nenhuma recompensa, pois já está agraciado com o sentimento da compaixão.

Há a história de dois monges em viagem e que precisam atravessar um rio caudaloso. Na margem está uma jovem. Um dos monges coloca-a sobre as costas e a ajuda atravessar o rio; depois, os dois prosseguem a viagem.

O monge que se compadeceu da jovem percebe que o outro está angustiado, querendo dizer alguma coisa e procura saber o que se passa no coração do companheiro. Este se diz inconformado com o comportamento dele em ter colocado a mulher nas costas, sentindo o calor de seu corpo, em contraste com o que pregava sua religião.

O monge simplesmente lhe respondeu:

- Eu atravessei, sim, com a moça às costas, mas a deixei na outra margem. E você a vem carregando, o resto da viagem, em seu coração.

Não há uma escala de valores. A maldade está no coração do homem que a quer ver em tudo. Deus não nos criou essencialmente bons ou maus, mas simplesmente ignorantes, para que pudéssemos evoluir ao longo das reencarnações. Se tivesse nos criado essencialmente maus, não teríamos a oportunidade de evolução e permaneceríamos maus para sempre. Onde estaria a justiça e a bondade divina?

Se tivesse nos criado essencialmente bons, já seríamos evoluídos e não haveria necessidade da reencarnação, e a Terra não seria um planeta de provas e expiações.

Quantos de nós somos apenas bonzinhos! Pensamos que estamos agindo corretamente e nem percebemos que instalamos o mal. Um pai ou uma mãe que acoberta erros dos filhos, passando as mãos na cabeça, pensando estar fazendo o bem, não sabem o mal que semeiam. Será que esmola é prática de caridade?

Lembremo-nos de que, no mundo espiritual, as únicas moedas correntes são os atos de bondade que praticamos.

Espiritismo, ética e filosofia. Um ensaio

Não há filosofia que se possa aprender; só se pode aprender a filosofar.

Immanuel Kant

Aprendemos, desde o início, em nossa caminhada espírita, que o espiritismo é ao mesmo tempo ciência, filosofia e religião, intimamente interligadas. Uma sem as outras, estudadas de *per si*, continuarão a ser apenas ciência, filosofia e religião. A ética permite que unamos esses três estudos para entender o que é espiritismo e o que é ser espírita.

A ética nada mais é que uma concepção da moral, que liga a virtude com o caráter e com os costumes. As virtudes são as qualidades positivas, que formam o caráter de uma pessoa, como a honestidade, a disciplina a retidão e o amor à verdade. A desonestidade, a indisciplina, a mentira, caracterizam a pessoa com caráter negativo. Os costumes dizem respeito à forma como se vive em sociedade, e ajuda na formação da personalidade de cada ser humano.

Em resumo, ética é a ciência que trata dos costumes, dos deveres e do modo de agir e proceder dos homens para com si mesmos e para com os outros. "O amor ao próximo como a si mesmo" provém dos costumes, dos deveres e da forma comportamental dos homens em sociedade. Aqui reside a explicação da função da moral e da ética para com a religião.

Agora estamos aprendendo a filosofar. A filosofia não nasceu na Grécia; já vem desde a época de Confúcio (550 a.C), mas se desenvolveu em Atenas com Pitágoras, Heráclito, Arquimedes, Sócrates, Aristóteles e Platão.

Com Jesus de Nazaré, ela se exemplificou. Kardec, com a codificação, consubstancia a filosofia, a ciência e a religião. Não bastava uma doutrina política e religiosa, mas uma doutrina que desvendasse o sentido da vida e da morte. Não bastava saber de onde viemos, quem somos e para onde vamos; era preciso entender que é da morte que nasce a vida. Viemos em espírito, agora somos uma alma num corpo humano, depois retornaremos ao mundo espiritual...

Nascer, morrer, renascer... Eis a doutrina e o dogma da reencarnação. A vida começa a ter sentido, pois aqui estamos para evoluir e ajudar na construção de um mundo melhor.

Com a codificação, Kardec nos presenteia com a ética moral cristã sobre o prisma da evolução através das reencarnações. A religião espírita mostra a verdade sobre a eternidade e imortalidade. A morte, embora ainda que nos assuste, não é mais apenas um sono; e, sim, um despertar: somos imortais, enquanto espíritos. Estamos, neste momento, vivenciando uma experiência humana. Enquanto vamos vivendo essa experiência, devemos nos revestir com a retidão dos propósitos, no pensar, no falar e no agir, pois isso compõe o nosso cartão de visita.

A ética molda nossos comportamentos, mas é a moral cristã que dita a lei áurea de como deve ser o nosso comportamento em relação ao próximo: "Não fazer aos outros aquilo que não queremos que nos façam."

Não aprendemos a filosofar; nosso comportamento ético não é o mais recomendado, pois temos desvios de caráter! Como exemplo, podemos citar a pessoa necessitada de dinheiro e que, de repente, encontra uma carteira perdida com grande importância monetária! Ficar com o dinheiro ou devolvê-lo ao legítimo dono?

O que devolve tem boa formação ética e moral e não fez mais que sua obrigação; tem a consciência em paz. O que não devolve, possui desvio de caráter, e sua consciência também está em paz; ela não o acusa. "O dinheiro foi achado, não foi roubado..."

Ficar ou não ficar com o dinheiro é então a mesma coisa?

Não, não é a mesma coisa. Ainda que a consciência não acuse. Não é a mesma coisa porque não quero que isso aconteça comigo, caso tivesse perdido o meu dinheiro, pois preciso dele e ficaria grato se me devolvessem. Aquilo que não quero para mim, isso também não desejo para o próximo. E, assim, viveríamos num mundo bem melhor.

Ficar ou não ficar com o dinheiro dos outros não é a mesma coisa. Não é "tanto faz". Primeiro porque não é fruto do trabalho de quem encontrou; e, em segundo lugar, porque é desonestidade pura; não condiz com a verdade, é ilusão.

Então, por que temos consciência moral, esse vigia que nos diz o que é certo e o que é errado? Por que temos preocupações morais? Sou obrigado a concordar com o personagem criado por Dostoyevsky no romance *Os irmãos Karamazov*, que disse: "Se Deus não existe, tudo é permitido."

Mas como temos plena consciência de Deus, sabemos que nem tudo nos é permitido. A moral pressupõe o reconhecimento de obrigações, e essas pressupõem a dependência de um ser superior. O que lhe dá profundo alcance é a inspiração religiosa. (Padre Francisco Lemes Lopes.)

A filosofia, que deve dar uma visão da vida, tem como problema central a figura de Deus e o sentido da vida humana: "o ateu só tem preocupações morais por uma feliz inconsequência". O problema se centraliza em Deus porque nenhum de nós encontra em si mesmo a explicação da sua existência, pois somos todos seres contingentes.

A feliz inconsequência do ateu é que não podemos ser seres morais sem a existência de Deus. Mesmo não acreditando em Deus, ele pratica a Lei Áurea: "Não faz aos outros aquilo que não quer que lhe façam." Que continue assim, pois há os que acreditam e não têm preocupações morais.

"Aprendemos a voar como os pássaros e a nadar como peixes, mas não aprendemos a conviver como irmãos", disse Martin Luther King. A dificuldade da convivência e o não cumprimento da Lei Maior. É a religião que nos orienta ao comportamento de retidão e nos faz nos sentir bem. E o comportamento reto se resume na prática do desapego, da moralidade, da paciência, do esforço, da concentração, da sabedoria e de outras virtudes de que se compõe o amor, conforme descreve Paulo na primeira carta aos coríntios[9].

Desapego: não se resume apenas no ato e doação de algo de si aos outros, mas em compreender a exata noção do que nos é necessário à vida e do que é supérfluo. É ter a visão correta de que não devemos nos prender a absolutamente nada material, pois viemos sem nada e não levaremos nada. Do desapego decorrerá sempre o exercício da caridade.

Moralidade: não nos levará a caminhos tortuosos. Ela nos convida a agir sempre de forma correta, combatendo a ignorância, o orgulho e a ambição. Estudo, humildade e aceitação são caminhos para a transformação.

Paciência: ajuda-nos a enfrentar não só as grandes dificuldades, mas os pequenos obstáculos do dia a dia. Mostra a insignificância do tempo, pois tudo passa.

Esforço pessoal: deve ser perseverante e contínuo. Tudo em a Natureza exige trabalho. Trabalho é esforço. E esforço é força para viver trabalhando.

Há tantas coisas para combater em nós mesmos, como ciúme, inveja, ganância... Sem o esforço inteligente não há possibilidade de crescimento espiritual.

Concentração: é o fator primordial para a vivência do espírita. Sem ela não há possibilidade de estar atento a todos os trabalhos de origem mediúnica.

A concentração exige introspecção, meditação e contemplação, pois com a mente dispersa, ausente, não há

---

9 Carta aos coríntios I. Cap. 13. Versículo 13 em diante.

possibilidade de percepções espirituais (ligação com os dois mundos).

Sabedoria: é mais que conhecimento. Com conhecimento se faz uma bomba atômica, mas só com sabedoria poderemos desmontá-la. É com a sabedoria que responderemos quem somos, de onde viemos e para onde vamos. E essas respostas são fundamentais para a nossa existência. Sem essa noção, passaremos pela vida e corremos o risco de não tê-la vivido plenamente.

Sabedoria é luz para clarear nossa mente em busca da verdade. Jesus é luz que combate a ignorância, a superstição, o preconceito e o erro.

Com essas bagagens é que caminharemos em busca da perfeição: são nossas ferramentas, filosofias e éticas para desbastar a pedra bruta. Lembremo-nos de que o caminho é de mão dupla: uma mão nos leva à evolução; a outra mão serve para auxiliar a evolução dos irmãos.

Em *O Livro dos Espíritos*, Kardec escreve: "Mas nem todos progridem simultaneamente e do mesmo modo. Dá-se então que os mais adiantados auxiliam o progresso dos outros, por meio do contato social".

Kardec faz uma afirmação e não dá margens a vãs filosofias. Filosofia significa o estudo da sabedoria, e o que Kardec nos diz é sabedoria pura. E nos ensina o significado da prudência e o perfeito conhecimento das coisas, pela lei da causa e do efeito.

É por isso que devemos ser éticos e buscar a verdade não só pelo conhecimento prático, mas, também, pelo conhecimento filosófico. A busca amorosa da verdade é como nos conduz a religião espírita, porque compreenderemos a prevalência do espírito sobre a matéria.

O espiritismo é a verdade em ação e em movimento: é ciência, filosofia e religião, pois as leis morais contidas em *O Livro dos Espíritos* e em *O Evangelho segundo o Espiritismo* é que dão significado à nobre doutrina, sem falar nas demais obras, como *A Gênese*, *O Céu e o Inferno* e *O Livro dos Médiuns*.

Aprendamos a filosofar:

Há uma crônica de Marta Medeiros intitulada "Antes de partir" (pagina 60 do livro *Felicidade crônica*) da qual retiro uma pequena citação filosófica: "Morremos um pouco todos os dias, e todos os dias devemos procurar um final bonito antes de partir". (Do filme com o mesmo nome)

Buscar um final bonito fica muito difícil diante da dor e da agonia. Fica mais difícil ainda diante da fatalidade. Difícil porque vivemos de forma inconsequente, como se não fôssemos partir.

Marta Medeiros faz um pequeno comentário sobre o filme *Antes de partir* (*Pocket list*), estrelado por Jack Nicholson e Morgan Freeman: "Não sei se você percebeu, mas viver é a nossa única opção real. Antes de nascer, era o nada. Depois, virá mais uma infinidade de nada. Essa merrequinha de tempo entre dois nadas é um presentaço. Não seja maluco de desperdiçar."

Marta tem razões, quando confirma que viver é a nossa opção real. Mas será que ao nascer éramos nada? Ou éramos criaturas de Deus, seres espirituais? Será que após nossa partida continuaremos nada? Será que virá uma infinidade de nadas? E para que esses "nadas" se já não existiremos? Um só nada já não pressupõe o final da existência? A merrequinha de tempo não será apenas um espaço da eternidade entre dois "tudos"? Antes, tudo; depois, tudo?

Tem razão Marta Medeiros quando confirma que essa merrequinha de tempo é um presentaço e que não podemos ser malucos em desperdiçá-la. Se fizéssemos o inventário diário de como vivemos, ficaríamos agradecidos, ricos como um rei por um dia. Existir é uma graça divina. Viver é uma arte. E a arte não é inconsequente, pois prepara nossa partida como se fosse para já, agora, neste instante.

Viver pensando na partida iminente seria uma tortura. Mas viver pensando em "existir para sempre" é mais que uma arte. Eu já era tudo e vou continuar tudo para sempre. Se o final será bonito antes de partir, eu não sei!

O necessário e o supérfluo

Buscai em primeiro lugar o Reino de Deus e a Sua justiça e todas estas coisas vos serão dadas em acréscimo.

Jesus (Mateus 6:33)

Na padaria, enquanto espero meu café da manhã de domingo, leio desinteressadamente as manchetes na Folha de São Paulo, quando me deparo com uma crônica de Hélio Schwartsman que me chama a atenção. Ele escreve:

> Foi Arthur Schopenhauer quem afirmou que o homem está condenado a ser um eterno insatisfeito. Nós nos esforçamos e sofremos para tentar obter aquilo que desejamos, mas, quando finalmente conseguimos, o sentimento de satisfação é no mínimo efêmero e, assim, mergulhamos no tédio, para depois sair apenas quando surge um novo desejo, num ciclo torturante que se repete ao longo da vida.

Tenho que concordar, em parte, com o teor da crônica, ainda mais quando me reporto aos ensinamentos do cientista social Maslow, ao apresentar sua famosa pirâmide das necessidades humanas, assim constituída:

Na base da pirâmide, com quase a totalidade da humanidade, se concentram os homens com suas necessidades fisiológicas (da alimentação, do abrigo, do vestir etc.). Acima da base, dessas necessidades essenciais à vida, situa-se uma grande maioria em busca das necessidades de segurança e estabilidade, que deem a sustentabilidade para se viver com dignidade. Na terceira escala, já acima dessas, uma parcela dos homens está em busca de suas necessidades sociais, que garantam participação nas atividades da sociedade, na busca de *status* e reconhecimento dos outros.

Na quarta escala ficam os seres humanos com valores bem diferenciados, pois estão acima das necessidades fisiológicas, de segurança e sociais, porque já as têm garantidas. Estes buscam agora adquirir a necessidade participativa de benemerência, filantropia e direção dos destinos de sua comunidade. São homens e mulheres que já saíram de um ciclo permanente de sobrevivência e podem dar-se ao luxo de ajudar, porque podem, e, em algumas vezes, porque querem. Mas todos ainda dependentes das três necessidades abaixo, destino comum de todos os seres humanos.

No topo da pirâmide de Maslow encontram-se as pessoas em busca das necessidades espirituais, aquelas que procuram, aos poucos, despir-se do egoísmo e praticar a caridade desinteressada. Agem no bem e tentam aplicar, em suas vidas, a máxima proferida por Confúcio e vivenciada por Jesus de Nazaré: "Não faças aos outros aquilo que não queres que te façam."

São homens e mulheres que já compreendem o significado da eternidade e imortalidade. Precisam comer e beber, viver em segurança, ser ativos socialmente, participar do destino da comunidade, buscar orientá-la, mas os valores de suas necessidades são elevados, pois sabem da existência da alma, que precisa evoluir. São aqueles que já conseguem seguir os ensinamentos do Mestre, procurando o desapego das coisas materiais e buscando o reino do céu.

Algumas pessoas especiais conseguem transitar pela escala de cima para a base, mas o inverso não acontece, porque, enquanto são atendidas as necessidades fisiológicas (comer, beber, vestir e procriar), ficamos no campo da materialidade. Acontece, sim, em raríssimos casos. Quantos não há, pelo mundo, que vivem apenas buscando satisfazer seus desejos primários? Quantos nem isso conseguem?

Por essas considerações, sobre as necessidades priorizadas por Maslow, que o homem será um eterno insatisfeito, mesmo espiritualmente. E digo isso não por mim, mas porque a espiritualidade superior assim nos diz através de Kardec, questões 711 a 727 de *O Livro dos Espíritos*, que versam sobre Gozo dos Bens Terrestres, do Necessário e Supérfluo, Privações Voluntárias e Mortificações[10].

A pergunta 711 abre as portas em torno de nossas necessidades básicas: "O uso dos bens da Terra é um direito para todos os homens?" Os Espíritos respondem: "Esse direito é a consequência da necessidade de viver.

10 Capítulo V - Livro III

Deus não pode ter imposto um dever sem haver dado os meios de satisfazê-lo."

Quando Schopenhauer afirma que o homem está condenado a ser um eterno insatisfeito, com certeza não conhecia a afirmação da espiritualidade no diálogo com Kardec. Na época ele não se quedou no significado do que é necessário e do que é supérfluo (Questões 715 a 717)

Precisamos de um mínimo necessário para viver. Sem esse mínimo, pereceríamos. Muitas vezes, por medo do futuro ou insegurança presente, o homem quer mais e mais e busca acumular riqueza. É assim que penetra no mundo do supérfluo e, para si, o supérfluo se transforma em necessário. Já não basta um celular que facilite a nossa comunicação; é preciso hoje ter um mais avançado, com internet e que "estoure pipoca". Aquele que não possui o equipamento mais avançado, este pode se dar por desatualizado. Mas, desatualizado em quê?

Tudo tem que ser do último modelo, da última moda! O homem acaba por perder suas referências e já não mais conhece o limite do necessário. Está totalmente mergulhado no supérfluo. Vejam a questão 717, da mesma obra kardequiana:

> - O que pensar daqueles que monopolizam os bens da Terra para se obter o supérfluo em prejuízo daqueles a quem falte o necessário?
>
> - Eles desconhecem a Lei de Deus. E responderão pelas privações que terão feito experimentar.

Eis o comentário de Salvador Gentile a essa resposta,

na tradução do Instituto de Difusão Espírita (IDE), de Araras (SP):

> O limite do necessário e supérfluo nada tem de absoluto. Tudo é relativo e cabe à razão distinguir cada coisa. É a civilização que cria necessidades, mas também desenvolve o senso moral. O senso de caridade leva os homens a se prestarem mútuo apoio. Os que vivem à custa das privações alheias, exploram os benefícios da civilização em seu proveito; não têm, da civilização, senão o verniz.

A espiritualidade ainda nos diz que devemos prover nossas necessidades, pois sem a força e a saúde não há possibilidade de trabalho, e que o bem-estar é um desejo natural, sendo proibido apenas o abuso, porque é contrário à nossa conservação.

Schopenhauer só esqueceu que o homem, em sua evolução espiritual, não é um eterno insatisfeito; só o é por enquanto. Se ficasse insatisfeito pela eternidade, não evoluiria.

Hoje, quase todos nós vamos carregando pela vida essa insatisfação dolorida, e nem sabemos de quê. O mundo é globalizado, mas cada um de nós deve exercer a individualidade como filhos de Deus, assim criados. É nessa unicidade espiritual, ser único, ainda que queiram nos globalizar e nos "corporizar", que devemos encontrar o limite do necessário e do supérfluo, cada um em resposta ao seu próprio trabalho.

O ter mais nos conduz à indiferença pelo sofrimento dos que têm menos. O ser mais nos torna compassivos;

esse sentimento que nos aproxima dos necessitados. Só assim podemos expulsar essa insatisfação dolorida do nosso peito. Só o necessário importa. Nosso sentimento de satisfação não pode ser efêmero. Saiamos do círculo vicioso.

Pirâmide de Maslow

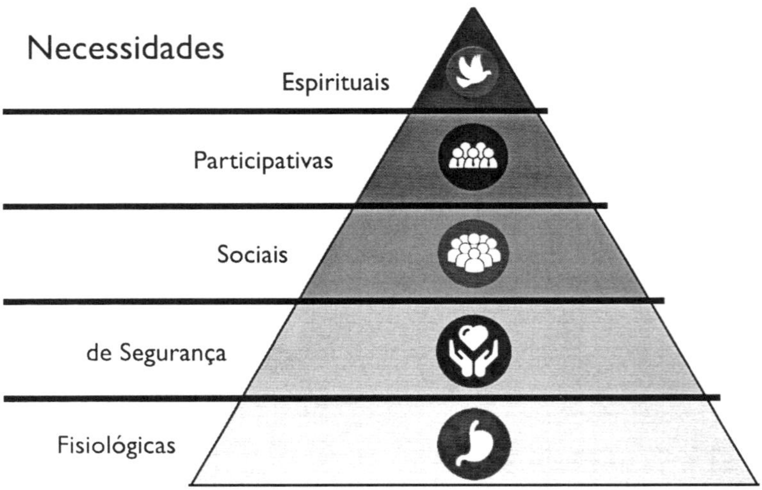

Todo homem em sua evolução atingirá o topo da pirâmide, mas a grande maioria ainda está presa à base e não consegue sequer atender as necessidades primárias.

O Universo do ser humano

Tudo aquilo que o homem ignora não existe para ele. Por isso o universo de cada um se resume no tamanho de seu saber.

Albert Einstein

Sempre gostei dos aforismos, sentenças morais breves e com conceito (máximas) de autoria dos grandes pensadores.

Concordo com Einstein nesse seu aforismo: realmente o que o homem ignora não existe para ele, ou seja, tomamos aqui o verbo ignorar como sinônimo de desconhecer. Mas não gosto de pensar que o universo de cada um de nós se resume no tamanho do nosso saber.

O universo de cada um não pode estar resumido no conhecimento apenas. Há um mundo de sentimentos e emoções em todo ser humano que dilata seu universo inteiro. O Universo científico até pode ser assim, mas para o homem comum, no limite de seu conhecimento, a vida é mais que conhecimento. Por mais que a gente conheça, temos a certeza de que nada conhecemos.

O que é que eu conheço do outro? Sua cultura, sua tradição, seus princípios, valores e crenças? Respondo que nada. Quantas pessoas ignorantes nos dando lições de vida e, no campo moral, seu limite está mais amplo do que o de muitos doutores. Conhecimento e cultura não significam sabedoria.

Gosto de aforismos porque abrem novos horizontes, facilitam a quebra de paradigmas e possibilitam viver-se a vida de modo mais coerente, sem ser paradoxal. Paradigma e paradoxo são palavras bonitas, que, para muitos, não querem dizer absolutamente nada, pois não sabem o que significam.

Pessoas que têm facilidade de mudar de pontos de vista, de construir novos modelos de pensamento, de aceitar os erros e rever as decisões que tomaram, são as que constroem novos paradigmas.

Pessoas que são coerentes no pensar, no falar e no agir não são pessoas paradoxais. As que não são coerentes, que pensam uma coisa, mas que dizem outra coisa e agem contrariando a lógica, são pessoas paradoxais.

Muitos de nós mantemos as mesmas visões do mundo, não conseguimos mudar paradigmas e, por teimosia, não evoluímos. Pensar, falar e agir do mesmo modo mostra coerência, e, se for para o bem, gera harmonia interior. E isso muitas vezes não é revelado aos homens de saber.

Qual é o universo de um peixinho no aquário? E do mesmo peixinho no oceano? Qual é o seu limite, uma vez que as paredes de vidro do aquário, as praias ou os rochedos é que cerceiam a sua liberdade? No aquário ou no oceano, têm que viver na água.

Qual é o nosso universo? Qual é o nosso limite, enquanto encarnados? É só para pensar: Expandir esse universo será possível pela aquisição de conhecimentos que, em última análise, configuram a sabedoria!

Li e me apaixonei pelo conteúdo do livro *O leitor*, de Bernhard Schlink, um *best seller* que virou filme com o mesmo nome. Foi estrelado por Kate Winslet e Ralf Fiennes. Um dos poucos romances que se retrata fielmente no cinema.

Transcrevo, para a curiosidade de algumas pessoas, apenas o que contém a orelha da capa:

> Michael Berg tem 15 anos quando inicia obsessivo caso amoroso com Hanna, uma mulher enigmática, vinte anos mais velha. Os encontros deles seguem um mesmo ritual; mas o que os caracteriza é a leitura que ele faz constantemente para ela, de fragmentos de Goethe, Dickens, Tolstói e Schiller. Ele nunca chega a saber muito sobre Hanna.
>
> Assim, quando ela desaparece de repente, dando um fim abrupto àquele período de felicidade, ele se convence de que jamais a verá de novo.
>
> Anos mais tarde, entretanto, ele a reencontra. Hanna é uma das acusadas por crimes de guerra e por várias mortes em um campo de concentração nazista. Michael, como estudante de Direito, acompanha o caso indeciso entre as lembranças de seus encontros com Hanna e a indignação pelos crimes cometidos por ela e outras mulheres em julgamento.
>
> Na tentativa de descobrir quem é a mulher que amou, ele gradualmente percebe que Hanna pode guardar um segredo que (ela) considera mais grave e vergonhoso que homicídio.
>
> As páginas do romance trazem a lúcida pergunta:

> Como amar alguém que cometeu a maior atrocidade que o mundo já conheceu?

Mas tomei a decisão, para fomentar ainda mais a curiosidade, de contar mais alguma coisa contida no livro. Mas não vou contar o final.

Já condenada, Hanna continua recebendo na prisão fitas gravadas por Michael, que lê sobre os livros que ela adorava. Ela pedia que ele lesse para ela quando se encontravam, por que era analfabeta, e Michael nunca ficou sabendo sobre isso.

Esconder seu analfabetismo é o tema central do enredo. Foi condenada porque procurou manter esse segredo. Cometera muitos crimes, mas não a de que foi acusada, de ter assinado o texto que determinava o confinamento de mulheres e crianças em uma igreja, enquanto o local sofria bombardeios e era totalmente destruído por um incêndio que ceifou muitas vidas.

Na prisão, juntando o quebra-cabeça da leitura que ouvia e com os livros que pegava na biblioteca, ela conseguiu alfabetizar-se. Falei sobre o livro e não me arrependo, pois há aforismos e aforismos. Este, de Albert Einstein, faz pensar, rever conceitos, evitando cair em paradoxos ou prender-se a velhos paradigmas. Mudar paradigma, para a própria renovação, e não ser paradoxal. Eis aí uma diretriz, para que sejamos coerentes na busca da evolução.

Como amar uma pessoa que cometeu a maior atrocidade que o mundo já conheceu?

Esse amor é impossível, dizia-lhe o orgulho. É arriscado, dizia-lhe a experiência. É inútil, falou-lhe a razão.

Dê uma chance, sussurrou-lhe o coração. E, nesse momento, o que importa todo o universo e todo o saber? A gente ama porque ama. E ponto! Há contradição maior que essa? E o amor acontece porque "há nos olhos humanos uma coisa terrível: o aviso inevitável da consciência, o grito clandestino de haver uma Alma". (Fernando Pessoa/Bernardo Soares, no livro *Desassossego*.)

No mesmo livro, Fernando Pessoa nos fala de tantos paradoxos e da nossa falta de disposição para mudar paradigmas. Diz ele, através de Bernardo Soares: "Comprar livros para não os ler; ir a concertos nem para ouvir música nem para ver quem lá está; dar longos passeios por estar farto de andar e ir passar dias no campo só porque o campo nos aborrece".

Por que fazemos coisas que não queremos fazer? Por que nos agredimos tanto?

Pobre Fernando Pessoa, que, em seus poemas, dizia: "A solidão desola-me; a companhia oprime-me. Nem solidão nem companhia".

Em Jesus, em Kardec, em Madre Tereza de Calcutá não consigo ver contradições. E é ela quem resume seus pensamentos: "Não ame pela beleza, pois um dia ela acaba. Não ame por admiração, pois um dia você se decepciona. Ame apenas, pois o tempo nunca pode acabar com um amor sem explicação. Amar não é sentimento de posse; é sentimento de doação".

O universo de um homem se resume ao tamanho da intensidade do seu amor. Eu lhes digo.

Pluralidade das existências

Se passares o tempo sem pensar na eternidade, passarás a eternidade a pensar no tempo.

Padre Antônio Vieira

O dogma da reencarnação é tão velho quanto a história da humanidade; é preocupação constante dos homens, pois sempre envolveu o sentido de eternidade e imortalidade.

Este dogma antecede a escola pitagórica, pois Pitágoras foi beber na fonte dos antigos filósofos indianos e egípcios, e trouxe para a Grécia a teoria da metempsicose.

Essa doutrina afirma que uma mesma alma pode animar sucessivamente corpos diversos, homens, animais ou vegetais. Pitágoras se baseou nos ensinamentos do egípcio Hermes Trimegisto ("o três vezes sábio") quanto à transmigração da alma.

Divulgada no Egito, na Índia, na Grécia, a doutrina atingiu todos os povos do Oriente e atravessou os séculos, porque tinha um aspecto muito mais sério do que se imaginava.

Allan Kardec, o professor Rivail, confirmaria a pluralidade das existências ao publicar, na França, *O Livro dos Espíritos*. A ideia primitiva era totalmente válida, desconsiderando-se apenas alguns princípios da metempsicose. A alma não involui. Uma vez que alcançou o reino hominal, não poderá mais animar corpos no reino animal. A reencarnação será doravante na raça humana, num processo contínuo, em busca da sua evolução moral. O espírito pode estacionar e não avançar na sua evolução, mas nunca irá regredir, encarnando como um animal irracional ou um vegetal.

Os indianos acreditam, até hoje, que o espírito pode renascer num animal ou em um vegetal.

Com Kardec temos a confirmação da pluralidade e não da singularidade da existência pelo princípio das reencarnações sucessivas em busca da perfeição.

Em pleno terceiro milênio, milhões e milhões de pessoas, no mundo todo, ainda acreditam na unicidade das existências. A vida é só uma, única, e o destino do espírito é aguardar a ressurreição para o julgamento final. Ou seja, a vida se resume ao aqui e agora. A simples ideia de reencarnação assusta e afasta cristãos em toda a Terra.

Resta uma discussão estéril e inútil: se existe, ou não existe, vida após a morte. A questão essencial é a de saber se o homem deve nascer, viver, unir-se, morrer, deixar a vida como larva da terra, do lodo.

A vida humana será apenas a afirmação de um instante entre dois silêncios eternos? O homem é apenas um candidato a cadáver? Antes, nada; depois, nada. Nada antes de nascer, nada depois de morrer?

O que nos aguarda? O sono ou o despertar? Assim fica difícil determinar o como e o porquê da existência, qual o sentido da vida!

Somos criaturas de Deus e a Ele destinados, ou somos

uma larva aperfeiçoada, originada das fermentações do lodo da terra como questiona o padre Francisco Leme Lopes, S. J., no livro *Estudos de problemas brasileiros*?[11]

E é o próprio padre Leme Lopes que vem nos ensinar que o início das coisas exige um ser necessário, um ser sem princípio (sem início). As vozes celestiais, quando Kardec pergunta "O que é Deus?" e não "Quem é Deus?", respondem:

– *Deus é a inteligência suprema, causa primária de todas as coisas.*[12]

O Ser sem princípio é justamente esta Inteligência Suprema. O fundamento, a tese, é de que o menos, deixado a si mesmo, não pode dar o mais. A lógica está em que se existe alguma coisa é necessário que sempre haja existido algo, porque, se em dado momento não existisse coisa alguma, o nada continuaria nada para sempre. E, só por isso, não encontramos em nós mesmos a explicação de nossa existência.

Essas ideias são reforçadas pelo teorema do francês Bossuet, que afirmou: "O ser que existe, mas poderia deixar de existir, exige um ser que existe e que não pode deixar de existir".

Parece complicado, mas não é. Se nós existimos (da mesma maneira que podemos deixar de existir) é porque alguém nos precedeu, e esse alguém, essa inteligência, tinha que existir obrigatoriamente. A nossa existência só é possível porque Deus existe e não poderia deixar de existir.

---

11 Livro da Biblioteca do Exército, publicação número 411 de 1971.

12 Questão número 1 de *O Livro dos Espíritos*.

Existiremos apenas uma única vez sem possibilidade de evolução, pois a evolução está condicionada a esta única existência, ou teremos oportunidade de viver encarnado por mais vezes, em busca da evolução?

Eis a questão. A vida é uma fração da eternidade. Uns nem chegam a nascer, outros vivem minutos. Outros, por apenas alguns dias; outros, vivem por alguns anos, e outros, muitos anos. Mas o que significa um minuto ou cem anos diante da eternidade, se ela não tem início e não terá fim? Onde, então, a imortalidade, que significa que o espírito não morre, mas viverá por toda eternidade?

Uns acreditam que, vivendo uma única vez, a alma (não o espírito) destina-se, após a morte, ao Todo Universal, sem conservar a sua individualidade. Como gotas caídas no oceano. Cada molécula de água não guarda a sua individualidade? Claro que guarda, será sempre H2O. Juntas, guardando a individualidade, formam os oceanos, rios e lagos.

Uma ondinha vinha alegre e saltitando mar afora, até que se depara com outras ondas se quebrando nos rochedos ou se esvaindo na praia. Pensa: é assim que acabarei também. Outra onda maior e mais inteligente diz a ela: você não vai morrer. Você é parte integrante do oceano. E é para lá que você vai voltar.

Credo! Será que vou perder a minha individualidade como filho da Inteligência Suprema? Se eu devia fazer parte de um todo, por que vivo minha individualidade? Como evoluir no todo?

Outros acreditam, literalmente, que tudo se acaba com a morte. E que a vida deve ser aproveitada ao máximo, aqui e agora. Nada restará após, nem o corpo nem a alma, pois ignoram sua existência. São estes adeptos de uma filosofia perversa chamada hedonismo, a busca do prazer pelo prazer, num puro ateísmo.

Alguns outros também acreditam na vida única, descontando a possibilidade da reencarnação, mas admitindo a ressurreição, isto é, os mortos voltando ao mesmo corpo (reencarnando pelo menos no momento final) quando do último julgamento (absolvidos ou condenados por toda a eternidade). Pensam que, se Deus é soberanamente bom e justo, não imporá ao homem um retorno à vida carnal, em outro corpo, para que tenha um reinício de misérias e atribulações.

Mas será justiça e bondade condenar um filho ao sofrimento eterno? Isto só porque, pela nossa condição humana, numa fração da eternidade, cometemos alguns erros? Não pode haver uma reparação? Qual o grande sentido do perdão? Devo perdoar setenta vezes sete? Imaginemos a Grandeza de Deus e o perdão infinito!...

Nós, espíritas, acreditamos na reencarnação. Sabemos da pluralidade das existências, e que Deus nos concede a graça de outras vidas e os meios necessários para a reparação de todas nossas faltas. Somos crianças na existência e ignorantes ainda, nem bons, nem maus. Aqui reside a bondade e a justiça.

Seremos muito tolos se acreditarmos que em uma única existência adquiriremos a perfeição. Só pela reencarnação é que temos a certeza da pluralidade das existências.

Do contrário, cada alma (espírito) seria criada no

exato momento de sua concepção ou de seu nascimento? Depois o pó voltará ao pó, e o espírito não voltará a Deus, que o deu? A menos que acreditemos que o espírito já existia anteriormente e que ele existirá para sempre.

E, mais uma vez fica a discussão desnecessária: o que era a alma antes de a gente nascer? Se ela já existia, qual o seu estado de evolução? Por que tanta maldade na Terra?

Estudemos o capítulo V item 222 de *O Livro dos Espíritos*, que trata desse assunto, onde Allan Kardec formula algumas questões. Vamos compreender:

- Por que a alma revela aptidões, independente da educação/instrução?
- De onde vem a aptidão extranormal?
- E as ideias inatas, intuitivas?
- Os impulsos, os vícios, as virtudes, as tendências, as reminiscências?
- Por que uns são mais adiantados que outros?
- Por que ainda existem civilizados e selvagens?

Cada um de nós, no seu próprio tempo e esforço, à sua maneira, atingirá a perfeição. A pressa é de cada um. Por isso encontramos pessoas mais evoluídas e outras nem tanto. Deus não privilegiou, nem privilegia ninguém. Não fomos criados maus, mas, sim, ignorantes.

Vejamos conversa estranha entre Jesus e Nicodemos: "Se o homem não nascer de novo não entrará no reino dos céus". Como isto será possível?

Mais estranha ainda é a pergunta que Jesus fez aos seus discípulos, quando se encontravam na cidade de Cesareia de Felipe, em julho do ano 29 d.C.

> - Que os homens dizem que eu sou? E que dizeis, vós, que eu sou?[13]
>
> Os discípulos responderam:
>
> - Uns dizem que é João, o Batista; outros, que é Elias. Outros, enfim, Jeremias ou, ainda, outro dos profetas.
>
> E Pedro, antecipando-se:
>
> - Tu és o Cristo, o filho de Deus... Vivo!

Na verdade, Jesus não estava preocupado sobre o que pensavam sobre ele, quem ele era, pois sabia que os homens achavam que ele seria a reencarnação de alguém (de qualquer profeta, mas não sabiam precisar qual. Era o boato que corria na época).

João, o Batista, havia sido decapitado havia pouco tempo. Como Jesus poderia ser sua reencarnação, se eram contemporâneos?

Na sequência do *Evangelho de Mateus* (17:9-13), na passagem do Monte Tabor, os discípulos, que acompanhavam Jesus, perguntam:

> - Por que, afinal, dizem os escribas que Elias deve vir antes?
>
> Jesus lhes responde:
>
> - Elias havia de vir para repor tudo em ordem. Digo-vos, porém, que Elias já veio, e não o reconheceram, e fizeram dele o que quiseram.

Só faltou dizer que o decapitaram! Mas os discípulos

13 Mateus 16,13-20.

compreenderam que Jesus lhes havia falado a respeito de João, o Batista.

Com aquela estranha pergunta (Quem sou eu?), Jesus, simplesmente, queria nos ensinar a diferença de ressurreição e reencarnação.

A ressurreição pressupõe o retorno do espírito à vida no mesmo corpo, no cadáver. A ciência demonstra, cabalmente, ser materialmente impossível tal fenômeno. Já a reencarnação é a volta do espírito (como alma) à vida corpórea em um novo corpo.

Se existia crença de que João era a reencarnação de Elias, o corpo, que ora habitava, não poderia ser o de Elias, pois ele tinha nascido meses antes de Jesus, num corpo novo em folha e muitos conheceram seus pais. Não veio no corpo de Elias. Lógico que João só poderia ser a reencarnação de Elias. E não Elias ressuscitado. E o Mestre concordava com essa ideia. E em nenhum momento a combateu.

A confirmação desse dogma, nós a encontraremos na resposta à questão 1.010 de *O Livro dos Espíritos*:

> **O dogma da ressurreição da carne é a consagração da reencarnação ensinada pelos Espíritos?**
>
> Como quereis que seja de outro modo? Essas palavras, como tantas outras, não parecem insensatas aos olhos de certas pessoas, senão porque as tomam ao pé da letra. Por isso conduzem à incredulidade. Mas dai-lhes uma interpretação lógica, e aqueles que chamais livres pensadores não desejam mais que crer. A doutrina da pluralidade das existências

está conforme a Justiça de Deus. Só ela pode explicar o que, sem ela, é inexplicável. Como quereis que o princípio não estivesse na própria religião?

Mas Kardec é insistente e pergunta novamente:

> **Assim a igreja, pelo dogma da ressurreição da carne, ela mesma ensina a doutrina da reencarnação?**

A resposta agora é mais incisiva:

> Isso é evidente. Essa doutrina, aliás, é a consequência de muitas coisas que passaram despercebidas e que não tardará a compreender nesse sentido.

Assim, logo reconhecemos que o espiritismo ressalta cada passo do próprio texto das Escrituras Sagradas, pois não vem destruir a religião, como alguns pretendem, mas, ao contrário, vem confirmá-la.

Segundo o que nos foi ensinado na igreja católica, Jesus ressuscitou ao terceiro dia e subiu ao céu de corpo e alma. Será que ele precisava (ou precisou) desse corpo material, denso, para retornar ao Plano Espiritual? Para que e por quê? Ora, na Bíblia, já estava escrito: "Que o pó volte à terra, de onde saiu. E o espírito volte a Deus, que o deu".[14]

Enquanto homem, nascido do ventre de uma mulher, não teria o mesmo destino que todos nós? Precisaria destruir uma lei natural?

Com certeza o Mestre elevou-se ao plano espiritual

---

14 Eclesiastes. Cap. 12:7-8

despido do tecido denso do corpo que o abrigou em sua existência. Ele era a excelência em espírito. Para os que acreditam na reencarnação, outras explicações são desnecessárias... Para os que não creem, nenhuma outra explicação será possível.

Vamos recapitular!

Unicidade da existência: tudo termina com a morte; a alma retorna ao todo universal e perde sua individualidade. A alma retornará, no fim dos tempos para o julgamento final, pela ressurreição. A alma não perde a sua individualidade, mas estará condenada ao céu ou ao inferno. Ao morrer, voltará no corpo que tinha. (Nunca me disseram o que acontecerá com o corpo após o julgamento).

Pluralidade das existências: Metempsicose (Escola Pitagórica) - consiste na transmigração da alma, que retornará de novo no corpo de um ser humano, de um animal ou de um vegetal. Reencarnação (Espiritismo) - O ser retorna à vida em um novo corpo humano, em busca de sua evolução (mundos materiais).

Reencarnação

> As almas bebem as águas do Rio Leteo, rio do esquecimento, antes de se prepararem para suas próximas reencarnações.
>
> **Platão (em *A República*)**

> Ninguém pode ser salvo sem renascer e sem li-

vrar-se das paixões que entraram no último nascimento espiritual.

Hermes Trimegisto (1250 a.C.)

A alma nunca morre, mas recomeça uma nova vida. Ela nada mais faz do que mudar de domicílio, tomando outra forma. Quanto a mim, que vos revelo estas misteriosas verdades, já fui Euforbes numa outra vida, no tempo da guerra de Troia. Lembro-me perfeitamente bem de meu nome e de meus pais, assim como do modo como fui morto em combate com o rei de Esparta. Em Micenas, no templo de Juno, vi suspenso na parede o meu próprio escudo de outro tempo. Mas, embora vivendo em vários corpos, a alma é sempre a mesma, pois só a forma muda.

Pitágoras (572 - 492 a.C.)

Os seres humanos que se apegam demasiado aos valores materiais são obrigados a reencarnar incessantemente, até compreenderem que ser é mais importante do que ter.

Buda (563 - 483 a.C.)

Estou convencido de que vivemos novamente e que os vivos emergem dos que morreram e que as almas dos que morreram estão vivas.

Sócrates (469 - 399 a.C.)

Morrer é mudar de corpo, como os atores mudam de roupa.

Plotino (205 - 270 d.C.)

Fui mineral, morri e me tornei planta; como planta, eu morri, e depois fui animal. Como animal, morri. E depois fui homem. Por que teria eu medo? Acaso fui rebaixado pela morte? Vi dois mil homens que eu fui; mas nenhum era tão bom quanto sou hoje. Morrerei ainda como homem, para elevar-me e estar entre os bem-aventurados anjos. Entretanto, mesmo esse estado de anjo eu terei de deixar.

Al Rumi (Poeta islâmico 1210 - 1273 d.C.)

Lê-me, leitor, se encontras prazer em ler-me, porque muito raramente eu voltarei a este mundo.

Leonardo da Vinci (1452 - 1519 d.C.)

O homem retorna à vida várias vezes, mas não se recorda das suas pretéritas existências, exceto algumas vezes, em sonho. No fim, todas essas vidas lhe serão reveladas.

Texto egípcio (1320 a.C.)

Antes de nascer, a criança já viveu, e a morte não é o fim. A vida física é um evento que passa, como o dia solar que renasce.

Papiro egípcio (3000 a.C.)

Da mesma forma que nos desfazemos de uma roupa usada para pegar uma nova, assim a alma se descarta de um corpo usado para se revestir de novos corpos.

Bhagavad Gita (3000 a.C.)

Honra a ti, Osíris, ó governador dos que se encontram no paraíso! Tu que fazes renascer os mortais, que renova sua juventude...

Livro Egípcio dos Mortos (2000 a.C.)

Aquele que retorna à Terra e faz o bem, segundo o seu conhecimento, suas palavras, ações e intenções, recebe um dia uma recompensa que convenha aos seus méritos... Aquele que durante o período de vida na Terra vive na dor e no desgosto, sofre por causa de suas palavras mesquinhas ou suas más ações num corpo anterior, pelo que é punido no presente.

Zoroastro (1000 a.C.)

Em verdade vos digo que se alguém não nascer de novo, não poderá ver o reino de Deus.

Jesus (João 3:3)

A alma vem de fora para o corpo humano, como para uma morada temporária, e torna a sair dela... Passa para outras habitações, pois a alma é imortal.

Ralph Waldo Emerson

A alma veste vários corpos em tempos diferentes, e a alma presa, ora nesta criatura, ora naquela, assim percorre uma ronda ordenada pela necessidade.

Diógenes Laércio (Século I)

Reativos e proativos

Na busca da sabedoria, o primeiro estágio é calar. O segundo, ouvir; o terceiro, memorizar. O quarto, praticar, e o quinto, ensinar.

Rabi Salomon Ibn Gabirol (Espanha, século XI)

O espiritismo ensina que a responsabilidade pela evolução espiritual é de cada um, em particular; é pessoal, inadiável e intransferível. À primeira vista, parece um ensinamento egoístico, mas não é.

O egoísmo não deve ser enaltecido. Os mais espiritualizados, através de seus exemplos, auxiliam na evolução dos outros. Alguns de nós, menos avisados, podemos buscar a transformação de forma isolada, por esquecer que vivemos em comunidade.

Para o bem viver e para o bem comum, somos, também, responsáveis uns pelos outros. São os outros que, de alguma forma, auxiliam em nosso crescimento. E a recíproca é verdadeira.

Nós nos fazemos de cegos, surdos e mudos e não tomamos consciência de que nenhum homem é uma ilha; somos seres interdependentes. Nossas palavras, gestos, ações e atitudes refletem nas pessoas com quem convivemos.

Nada, absolutamente nada, nem mesmo o silêncio, a

cegueira, a surdez, pode nos tornar isolados do mundo. Tudo o que ocorre a nossa volta nos afeta direta ou indiretamente, pois interagimos uns com os outros e com o ambiente onde vivemos.

Há uma historinha, conhecida de todos nós, que vale a pena ser recontada.

> Um rato, olhando pelo buraco da parede, vê o fazendeiro e sua esposa abrindo um pacote. Pensou logo no tipo de comida que poderia haver ali. Ao descobrir que era uma ratoeira, ficou aterrorizado. Correu pelo pátio da fazenda advertindo a todos: Há uma ratoeira na casa, uma ratoeira na casa!
>
> A galinha disse:
>
> - Desculpa-me, senhor rato... Eu entendo que isso seja um grande problema para o senhor, mas não me prejudica em nada. Não me incomoda.
>
> O rato foi até o porco e lhe disse:
>
> - Há uma ratoeira na casa. Uma ratoeira!
>
> O porco lhe falou:
>
> - Desculpe-me, senhor rato... Mas nada há que eu possa fazer a não ser incluir o senhor nas minhas preces.
>
> Então o rato dirigiu-se até a vaca. E esta lhe disse:
>
> - O quê? Uma ratoeira? Por acaso estou em perigo? Acho que não!...
>
> O rato voltou para casa, cabisbaixo e abatido, para encarar a ratoeira do fazendeiro.
>
> Naquela noite ouviu-se um barulho como o de uma ratoeira pegando uma vítima. A mulher do fazendeiro correu para ver. No escuro, ela notou que

a ratoeira havia prendido a cauda de uma cobra venenosa. Ao aproximar-se, a cobra picou sua perna.

O fazendeiro levou a mulher ao hospital, imediatamente. Depois de medicada, voltou para casa, mas tinha febre.

Ora! Para combater a febre, nada melhor que uma canja de galinha! Então, uma galinha foi abatida e virou canja.

Como a mulher não melhorasse, os amigos e vizinhos vieram visitá-la. Para alimentá-los, o fazendeiro mandou abater o porco.

A mulher piorava, e veio a falecer.

Muita gente veio ao funeral. E o fazendeiro mandou sacrificar a vaca para alimentar todo aquele povo.

Na próxima vez em que você ouvir dizer que alguém está diante de um problema e acreditar que o problema não lhe diz respeito, lembre-se que, quando há uma ratoeira na casa, toda a fazenda corre risco. O problema de um é problema de todos.

Quantas pessoas já vieram até nós em busca de auxílio e nós não paramos para ouvir, porque estamos tão apegados aos nossos próprios problemas e às nossas necessidades.

O bem-estar do outro não nos preocupa, não nos interessa. Por indiferença ou por insensibilidade nada fazemos. Como dizem: "ficamos na nossa". Nosso silêncio, nossa surdez, nossa cegueira... Isso faz de nós pessoas covardes, mancha nossa dignidade e gera consequências desastrosas no campo social.

Alguém, de forma sofismal, já nos disse que o silêncio é próprio dos sábios... É o primeiro estágio: calar. Isto é uma verdade. O silêncio é essencial para que tenhamos condições de pensar, refletir, orar, meditar, até que tomemos a decisão de agir com serenidade.

Mas, se não falamos na hora que é preciso falar, somos omissos. Podemos ajudar e não o fazemos, principalmente quando é o bem comum que está em perigo.

É bom repetir o que Martin Luther King já ensinou: "O que preocupa é o silêncio dos bons."

Nós nos comportamos como avestruzes que, diante do perigo, enfiam a cabeça num buraco, deixando o resto de fora.

Alguns de nós, espíritas, não nos metemos e não queremos nos envolver com os problemas dos outros e da própria casa espírita que nos acolhe. Isso não é um problema nosso, afirmamos. Já fazemos a nossa parte, somos pontuais e participativos na sala de passes, como que para apaziguar a consciência. "Quem sou eu para resolver isso?"

Outros, mais egoístas, ficam impassíveis, pois se contentam com o que já têm e já fizeram. E como isto lhes basta, não se envolvem: "Claro que os problemas existem, mas não me dizem respeito. Ema, ema, ema... Cada qual com seu problema."

Outros, ainda, nos deixam tristes quando invocam o chamamento de Jesus para fugir das responsabilidades. "Meu Reino não é deste mundo; preciso me preocupar com a minha evolução espiritual." Será que sem caridade haverá salvação?

Na distorção da verdade nos esquecemos do que pedimos: Venha a nós o vosso reino; dá-nos o pão nosso de cada dia; seja feita a vossa vontade.

Queremos que o reino venha até nós, e nada fazemos para alcançá-lo. Queremos o paraíso, mas trazemos o inferno em nossas almas. O pão, ora o pão! Se chegar até mim, está muito bom, ainda mais com queijo, manteiga e presunto.

A vontade de Deus... Onde fica? Onde, se fazemos prevalecer a nossa vontade? A vontade de Deus não é o amor? Assim, o reino de Deus fica cada vez mais distante.

Proativo e reativo são palavras usadas para definir a natureza da luz e a do receptor, respectivamente.

O proativo revela a natureza daquela pessoa que busca viver na lucidez (na luz) e o reativo revela aquele que se acomoda na ilusão. O proativo antecipa, age antes; o reativo reage, age após o problema.

O prefixo *pro*, na palavra, traz ideia de antes. Já o prefixo *re* lembra algo que vem após. As pessoas proativas se tornam o centro de sua própria vida, têm o seu comando. Os reativos são meros receptores; ficam na periferia da própria vida, não detêm o seu comando. São pessoas que acreditam que tudo o que lhes acontecem de errado é culpa dos outros, e buscam esse culpado em tudo. Por isso, não se sentem responsáveis pelo que acontece em suas vidas.

Essas pessoas, comportando-se assim, desperdiçam o seu talento e jogam fora uma encarnação. Perdem sua liberdade e sua autonomia. Deixam-se levar pela correnteza. São adeptos do Zeca: "Deixa a vida me levar... Vida, leva eu". Vamos deixar do jeito que está para ver do jeito que fica. Essas pessoas esperam para ver o que vai acontecer; ficam em cima do muro, enquanto a casa cai.

As proativas, por estarem no comando da sua vida, são aquelas que querem crescer, aprender e participar.

Não conhecem a atitude dos três macaquinhos, tentando vendar os olhos, amordaçar a boca e tapar os ouvidos. Situam-se, envolvem-se, refletem e tomam decisões.

Sabem que uma boa ideia em movimento vale muito mais que uma ótima ideia jogada ao lixo. Estes ficam com "Gonzaguinha", o falecido cantor, quando, em sua música, pergunta: "E a vida... O que é, o que é, meu irmão?". Para depois concluir: "Fico com a pureza da resposta das crianças: é bonita, é bonita e é bonita!" Mas não deixam a vida levar, empurrando com a barriga.

Os proativos não são meros observadores da vida, pois se engajam e se comprometem.

Estamos vivendo dias difíceis e não percebemos que a profecia de Humberto de Campos está se distanciando também. Nosso querido Brasil, coração do mundo, pátria do Evangelho! Até quando existirá o silêncio dos bons? Até quando nos comportaremos como avestruzes, como se os problemas dos outros, do País, não fossem nossos problemas?

Até quando ignoraremos as leis de causa e efeito e de ação e reação?

Reativos ou proativos?

Se jogarmos uma pedra em um lago manso e sereno, a partir do ponto de impacto, formar-se-ão ondas concêntricas, uma interferindo na outra. A água parada, agora está em movimento.

Nossos pensamentos, palavras e obras movimentam as águas da vida. Lançando a pedra, nada mais será igual. Se a pedra foi lançada por um proativo, o mundo será melhor.

Não será por falta de aviso! Há, sim, uma ratoeira na casa!

Heresia

A verdade para um homem é heresia para outro.

José Milton da Costa

Nápoles, Itália, 1576. A cena: uma latrina no Mosteiro de San Domenico Maggiore. Frei Giordano Bruno ali está, sob o mau cheiro, lendo. O único lugar no Convento em que se podia dar tamanho luxo: ler os livros proibidos pela igreja católica, como *Os comentários de Erasmo*, ou a *De revolution ibus orbitum*, de Copérnico.

O seu desejo de conhecimento levava-o a colocar em risco a própria vida, pois, se descoberto, seria levado à Inquisição. Pena: morte na fogueira. Condenado como herege.

Estava ainda na latrina lendo os textos de Erasmo quando foi descoberto. Para ele só havia uma saída: abandonar o Convento e ser excomungado. E foi isso que ele fez.

Seu crime foi, na verdade, sua curiosidade e uma ponta de orgulho, que, segundo seus confrades, impediam-no de usar seus dons para a glória da igreja. Ele realmente se orgulhava de sua inteligência. E era grande pesquisador.

Na época, era a Igreja Católica quem ditava, em nome da ciência; e aquele que discordasse das teorias em voga, como Nicolau Copérnico, estava condenado.

Giordano Bruno estava formulando uma teoria com uma hipótese ainda incipiente, mas que no final abalaria os alicerces da Igreja Cristã. No momento estava interessado, e extasiado mesmo, com a obra de Copérnico, já excomungado como herege.

Seguindo a teoria de Aristóteles, a igreja, detentora do ensino nas escolas, ensinava que as estrelas eram fixas, presas na oitava esfera além da Terra, e que eram todas equidistantes. E se deslocavam juntas em órbita em torno de nosso planeta, assim como o Sol e os sete planetas (conhecidos na época) em suas respectivas esferas. Era a teoria do Geocentrismo. Tudo girava em torno Terra.

Copérnico havia se aventurado em campo perigoso e contrariava as Leis de Deus, interpondo nova teoria: o Sol era o centro do Universo, e tudo o mais girava ao seu redor, cada qual em sua órbita. Quanta audácia! Heliocentrismo?

Ir além desse ponto, ninguém tinha se aventurado, nem mesmo na imaginação. Ciência e religião em completa oposição. E esta não deixaria que uma revolução cultural fundamentada na pesquisa metodológica de observação impusesse novo ensino e mudasse a grade curricular já estipulada. Mas Giordano Bruno acreditava na teoria de Copérnico, a mais ousada de qualquer outra que alguém já se atrevera a formular!

Giordano ia mais além de Copérnico. Queria provar que o Universo não tinha um centro fixo, mas era infinito, e que cada uma das estrelas que via brilhar nesse momento era seu próprio sol, cercado por inúmeros mundos. Em 1576 era inimaginável se pensar em galáxias, em se estudar astronomia com os meios avançados de hoje. Se tivesse expressado sua teoria, à época, seria morto imediatamente.

Passado o tempo, verificamos que Copérnico e Giordano, cada um no seu tempo, estavam certos e com razão. Eram homens de mente livre e moderna, amordaçados em mundo medieval e condenados simplesmente porque pensavam. Foi sua paixão pelo saber, que nada contrastava com as leis da natureza estipuladas pelo Construtor do Universo, que os condenou.

Ainda hoje vivemos num mundo em que a verdade para um homem é heresia para outro. Imaginemos como era nos idos de 1850, quando Kardec lança *O Evangelho segundo o Espiritismo*? Enorme foi o impacto que se criou no seio do Cristianismo! O que dizer de *O Livro dos Espíritos*, de *O Livro dos Médiuns*, *A Gênese*, *O Céu e o Inferno*? Não temos o alcance para recuar àquele tempo e avaliar o abalo, a revolução que causou no mundo. A terceira revelação, que em nada contrastava com os ensinamentos de Jesus, agora sob outra visão. Esta é a realidade!

Haja vista os questionamentos de Sócrates: de onde vim? Quem sou? Para onde vou? O descortinar-se da eternidade e da imortalidade da alma, tudo agora ao nosso alcance.

Brasil, mundo, dias atuais

O espiritismo codificado por Kardec, à época, foi considerado uma heresia.

Em minha cidade natal havia um centro espírita criado antes de 1950. Ficávamos receosos de passar pela Rua Soldado José Custódio, onde estava localizado. Se não houvesse outro jeito, andávamos na calçada oposta.

As histórias de assombrações nos enchiam de medo. E nossa mente não era a de homens livres. Era terminantemente proibido ter qualquer livro de Allan Kardec em casa. Ler, nem pensar!

Conversar com os espíritos, discordar da ressurreição e aceitar nova postura de reencarnação, no meu tempo de menino, era uma heresia.

O que dizer do dom da mediunidade de todos nós? Quanta ignorância! Verdade para uns, heresia para outros. Quanto tempo perdido por ter a mente amordaçada: a boca nem podia falar, pois o coração ignorava a codificação. Não era ela que estava amordaçada.

Hoje vejo claramente que espiritismo é o cristianismo mais puro e mais sublime. Jesus falava por parábolas porque a humanidade não estava preparada para ideias mais avançadas. Kardec revela o Cristianismo sem mistérios, sem magias, sem lendas sem mitos, mas a humanidade também não está no nível de evolução desejada. Ainda restam muitas coisas a serem reveladas.

Há quase 2 mil anos o apóstolo Paulo já disse: "Hoje vemos em parte, mas chegará o dia em que veremos face a face". Ainda vemos em parte.

Moisés, Jesus, Kardec foram os grandes reveladores. Descortinaram os véus do tempo no combate à ignorância e à superstição. Mesmo assim, como se hereges fossem, quantos homens e mulheres não pereceram, por terem a mente livre e a boca pronta para divulgar suas ideias!

Vivemos num mundo avançado em tecnologia. As crianças já trazem embutidas, em si mesmas, um *smartphone* e um *tablet*. Mais do que tecnologia, tão necessária, os homens precisam avançar moralmente, para combater os preconceitos e as intolerâncias.

Estamos nos matando em nome de Deus, como se vivêssemos na idade das trevas.

A escola é laica e segue os dogmas da ciência.

A vida humana é breve e passageira. Precisamos evoluir! Benditos sejam hereges como Copérnico, Giordano Bruno e tantos outros, pois hoje, graças a eles, ciência e religião caminham juntas.

Espiritismo: ciência, religião e filosofia.

Crenças e crendices, eis o nosso desafio, pois tudo fica contido em ideologias. Uns acreditam na unicidade da existência e outros na pluralidade das existências. E assim levam suas vidas.

O medo da morte e sua desmistificação: muitos não sabem o que os esperam, se o sono ou o despertar.

Haverá um julgamento final? Ressuscitaremos e encarnaremos para esse julgamento? Se nós somos imortais, nossa imortalidade começou quando nascemos? Antes era o nada. Depois da morte serei nada?

Apresentei apenas algumas questões de fundo científico, religioso e filosófico.

Mostrar a realidade de um Deus justo e bom, que não condena ninguém, é ser herege? Bom, porque nos permite plantar o que quisermos, pois nos deu livre-arbítrio. Justo, porque não intervém na colheita; justo, ainda, pela lei de ação e reação, causa e efeito.

Quantos estudiosos e cientistas ainda estão desbravando o Universo! Telescópios, sondas espaciais... Mais do que nunca sabemos que nada sabemos sobre o Universo e a grandiosidade de Deus.

Copérnico e Giordano Bruno, hereges, apenas deram o pontapé inicial.

Renovação

Cria em mim, oh Deus, um coração puro, e renova em mim um espírito reto.

Salmo 51

A nossa renovação - mais do que uma certeza, um imperativo - é uma necessidade, porque sem ela não existe a possibilidade de evolução espiritual. A busca da evolução espiritual é a essência, o objetivo maior da reencarnação.

No mundo, a natureza está em permanente e constante renovação e transformação, conforme nos afirmou Lavoisier: "Na natureza nada se cria, nada se perde, tudo se transforma."

O nosso organismo, nosso corpo físico, é um processo contínuo de renovação. Trezentos milhões de células são renovadas por minuto em nosso corpo. Em um dia chegam a 432 trilhões as células substituídas! Vejam como crescem os nossos cabelos, nossas unhas. A cada 15, 20 dias, a camada superficial de nossa pele é totalmente renovada.

Mais fácil é notar as renovações que se sucedem na Terra durante as quatro estações do ano: frio, calor, flores e frutos.

Nosso companheiro José Carlos De Lucca, em seu livro *Para o dia nascer feliz*, usa a música de Lulu Santos (Como uma onda) para nos convidar a viver plenamente um novo dia. Quero usar da mesma música e letra para ressaltar o grande significado da renovação.

> Nada do que foi será
> de novo do jeito que já foi um dia
> Tudo passa
> Tudo sempre passará
> A vida vem em ondas
> Como um mar...
> Num indo e vindo infinito!
> Tudo que se vê não é
> igual ao que a gente
> viu há um segundo...
> Tudo muda o tempo todo
> no mundo.
> Não adianta fugir
> Nem mentir pra si mesmo
> Agora há tanta vida lá fora
> aqui dentro sempre...
> Como uma onda no mar!

A vida, por ser dinâmica, não permite a estagnação, não há retrocessos, tudo segue em frente buscando sempre a evolução.

Há um novo dia inteiro para ser vivido. Há sempre um reinício em nossa caminhada.

> Convençamo-nos de que nossa renovação para o bem, com Jesus, é sagrado imperativo da vida. Não basta restaurar simplesmente o corpo físico. É inevitável (inadiável) sair da rotina e do comodismo,

enfrentar medos, abolir a impaciência e a ansiedade, buscando sempre o melhor.

(Bezerra de Menezes / Chico Xavier).

A renovação, um novo sentido para a vida, só é possível de dentro para fora. "Aqui dentro sempre, como uma onda no mar!"

Que tal dizermos um não à mesmice, à rotina, à frieza, ao descaso, à indiferença e às lamentações? Que tal pararmos de espalhar o desânimo e a descrença? Só assim vamos perceber que "nada do que foi será de novo do jeito que já foi um dia".

Muitos de nós estamos preocupados com a estética, com a renovação e transformação do corpo físico. Quanto é gasto em cosméticos, cirurgias plásticas, na vã esperança de conservar a mocidade? E nos esquecemos dos versos da música do grupo Roupa Nova: "Água da fonte cansei de beber para não envelhecer". E não nos lembramos da recomendação de Bezerra de Menezes: a busca de nossa renovação espiritual.

O mais triste, porém, é encontrar pessoas que repetem sempre "agora há pouco" e ficam a viver no passado, e outros fascinados com o "daqui a pouco", ansiosos com o dia de amanhã. Outros ainda se lamentam: "Ah! Se eu fosse fulano, se eu fosse sicrano..."

Mas somos apenas nós mesmos. E nada fazemos para mudanças concretas. "Ah! Se eu fosse..." é como querer viver a vida dos outros. Uns estão no passado, outros no futuro, e outros não se aceitam, e ninguém se renova.

Renovar significa tornar o novo de novo, novamente. Aprender novas lições, sentir até novas dores. Abrir um sorriso novo, arejar as ideias, mudar paradigmas. Criar novos hábitos, novas rotinas, romper com os rituais. Renove seu guarda-roupa, use um novo perfume, troque de sabonete, de desodorante, de pasta dental!...

Tudo é válido, mas também boa e necessária a renovação interior. Uma coisa é a renovação estrutural, como mudar a posição do sofá, a pintura da casa... Outra coisa é a renovação comportamental. De nada vale uma casa nova com seus moradores se comportando como se ainda morassem na casa velha. Pessoas mal-humoradas, ranzinzas, ofendendo umas as outras. Jesus já nos advertia sobre colocar remendos novos em roupas velhas. Não basta remendar; é preciso mudar para o bem.

Paulo, apóstolo, em sua *Carta aos romanos* (12,2), diz: "Transformai-vos pela renovação de vossa mente, para que proveis qual é a boa, agradável e perfeita vontade de Deus". E nós já sabemos que a vontade de Deus é que nos amemos uns aos outros.

Não basta a transformação na feição exterior (aparências). É preciso a renovação da nossa mente. É a nossa alma que precisa ser renovada. A mente renovada nos leva ao discernimento e a cumprir a vontade de Deus, boa, agradável e perfeita.

O amor nos renova a todos. E nos torna pessoas mais belas, mais iluminadas. Mais serenas e mais ternas.

O amor não morre de morte natural. Ele morre porque nós não sabemos renovar a sua fonte. O amor morre de cegueira, de erros e de traições.

Renovar significa se aproximar do outro com a ansiedade do primeiro encontro, do primeiro beijo e também com a ternura do encontro de ontem, do último encontro. Só assim vamos renovar a sua fonte.

Amar, amar e amar sempre... Esta é a lei da renovação!

Foi o poeta Ezra Pound quem disse que "é preciso repetir para aprender, e criar para renovar". Eu acho que ele conhecia o Salmo 51: "Cria em mim, Oh Deus!, um coração puro... E renova em mim um espírito reto".

Cecília Meireles, em "Renova-te", trata do tema da seguinte forma:

> Renasce em ti mesmo,
> Multiplica os teus olhos, para verem mais.
> Multiplica os teus braços para semeares tudo.
> Destrói os olhos que tiverem visto
> Cria outros, para visões novas
> Destrói os braços que tiverem semeado
> Para se esquecerem de colher
> Sê sempre o mesmo
> Sempre outro. Mas sempre alto
> Sempre longe
> E dentro de tudo.

A águia é a ave que tem a maior longevidade. Diz-se que ela vive até os 80 anos. Mas quando atinge os 40 anos, tem seu bico muito curvado, suas garras muito inclinadas e as penas das asas endurecidas. Já não consegue caçar e, se não buscar a renovação, morrerá.

Conta-se que, num último esforço, voa ao topo de uma montanha, onde se renovará num processo lento e doloroso que pode durar cinco meses. Bate com seu bico nas rochas, até que ele caia e possa nascer novo bico. Após, com bico novo, arranca todas as garras. Em seguida, com bico e garras novas, arranca as penas de suas asas. Espera nascer novas. Renovada, volta para viver mais 40 anos.

O processo de renovação foi lento e doloroso.

Agora é a nossa vez de renovação. É preciso arrancar os bicos da arrogância, da prepotência, do orgulho. Agora, as garras do preconceito, da intolerância e da implicância. E, por final, as penas da indiferença, do descaso e desamor.

Adeus ao fanatismo e às superstições!

Que tal? Vamos à luta, na certeza do que disse Chico Xavier:

> O homem interior se renova sempre. A luta enriquece-o de experiências, a dor aprimora-lhe as emoções, e o sacrifício tempera-lhe o caráter. O espírito encarnado sofre constantes transformações por fora, a fim de acrisolar-se e engrandecer por dentro.
>
> Lagarta, crisálida, borboleta: O casulo é um túmulo ou é um útero?

Respeito

O respeito é o único sentimento comparável com o dever moral.

Immanuel Kant

Ao enunciar seu pensamento sobre o respeito, Kant reforçou seu entendimento sobre a base educacional do ser humano. Respeito é sentimento. Enquanto dever moral, dita as normas de comportamento de cada um de nós. Sentimento e dever.

Desde o início de nossas vidas, somos educados para a competição. Este é o mundo globalizado, onde os mais fortes e os melhores tendem a sobressair-se sobre os demais, ocupando os melhores cargos na vida profissional.

O escritor Rubem Alves, em uma de suas crônicas, diz da preocupação dos pais quanto ao que seus filhos serão quando crescerem, esquecendo-se de que eles são crianças por enquanto, e que merecem ser felizes. Esquecem-se, os pais, que muitas não chegarão à idade adulta e que outras seguirão imaturas pelo resto de suas vidas.

Assim, colocando um "doutor" na frente do nome de seus filhos, educam-nos para uma vida competitiva, onde não existe o respeito. O que o meu filho ou minha filha vai ser quando crescer? Quero que ele seja feliz e respeitoso... Ou que ela seja feliz e respeitosa. O que mais poderia almejar?

Já não precisaremos enumerar as qualidades de nossos filhos. Eles são os mais inteligentes, os mais espertos, os mais ágeis com a bicicleta, no escorregador, na corrida, no futebol, os que tiram as melhores notas na escola. Tudo isso é consequência de sua educação.

É preciso prepará-los para a convivência com os outros e não para a competição com os outros. Toda competição é inútil e desrespeitosa. Ninguém ganha, ninguém perde. Quem ganha, ganha distanciamento.

Conta-se que uma professora foi contratada para lecionar às crianças indígenas da tribo Kaioás.

Toda aula ela pedia que algumas crianças fossem ao quadro negro e resolvessem um problema da lição de casa.

Os indiozinhos iam à frente da lousa e ficavam em silêncio e nada faziam. E ela não compreendia a atitude deles.

O tempo passava e o problema perdurava. Até que perguntou a um deles o motivo da recusa. O indiozinho explicou que estavam aprendendo, na tribo, a respeitar uns aos outros. E, como sabiam que uns eram mais capazes e que outros tinham algumas dificuldades em resolver os problemas, não queriam se exibir publicamente. Ninguém sairia ganhando se um se exibisse e o outro ficasse encabulado diante da classe.

Os espíritos superiores vêm nos alertando para a evangelização de nossas almas, e essa evangelização começa pelo respeito.

A humanidade está carente de educação. Parece que

ninguém respeita mais nada e a ninguém. Onde todos querem levar vantagens, ninguém sai ganhando.

Todos nós já ouvimos algumas expressões, como: "Isto é um desrespeito total!". Ou: "Quem não se dá o respeito, não merece ser respeitado". E ainda: "Respeito é bom e eu gosto".

Mas o que vem a ser respeito? O Aurélio nos ajuda: respeito é reverência, veneração, acatamento, consideração. É sentimento de estima para consigo mesmo, para com os outros, com as instituições e a vida em comunidade. É o sentimento de consideração em movimento.

O respeito a si mesmo implica termos a plena consciência do nosso próprio valor pela dignidade conferida por Deus. Representa a maneira como amamos a nós mesmos, como cuidamos de nós próprios, como nos apresentamos, sem máscaras. O respeito a si mesmo é o início do amor condicionado: "Amar o próximo como a si mesmo", da mesma maneira, da mesma forma como nos amamos.

Não nos respeitamos quando, de alguma forma, não nos valorizamos, não temos consciência plena do nosso valor. Isso ocorre quando compactuamos com a servidão humana, aceitando o menosprezo e subserviência, com as humilhações e os descasos, mendigando a atenção e o carinho dos outros.

Ocorre quando nos desarmonizamos pelo medo, pela culpa, pela impaciência, pela ansiedade. Quando teimamos em viver de recordações do passado, cultivando mágoas e, por conseguinte, os ressentimentos que geram raiva e sentimento de vingança. Ocorre quando nos deixamos dominar pelo ciúme, pela inveja, pela ganância, pela luxúria. E então, como somos miseráveis e infelizes, por não nos valorizarmos.

Se já aprendemos a nos respeitar, temos condição de respeitar o outro. Iremos nos comportar e agir em relação ao outro com gentileza, delicadeza, desprendimento. Estaremos vigilantes e atentos às necessidades dos que convivem conosco.

Podemos acrescentar ainda solicitude, benevolência, compaixão. Tudo isto nos torna pessoas "respeitosas". A pessoa respeitosa é aquela que trata o outro como gostaria de ser tratada. É, na essência, aquela que procura cumprir a Lei Áurea, vivenciada por Jesus: "Não faças aos outros aquilo que não queres que te façam". Esta lei maior vigorava entre os povos da antiguidade e é anterior à vinda do Mestre.

O respeito consiste na compreensão de que cada ser humano é único e assim deve ser considerado, bem como na aceitação das diferenças e divergências como sendo absolutamente naturais e parte da condição humana. Em decorrência, entenderemos que cada um tem as próprias convicções, formadas pelas próprias crenças, valores e princípios e que suas decisões provêm dessas convicções.

O conceito de respeito é ainda mais amplo quando aceitamos que o outro não nos pertence e deve ser contemplado em sua total liberdade. Implica que devemos conhecer o outro em sua interioridade, em sua alma, que não podemos visitar senão em sonhos. É mais amplo porque nos sinaliza o caminho para a interdependência (a dependência consciente do outro), a consciência do nosso espaço e do nosso tempo e do tempo e espaço dos outros. E mais ainda, pela compreensão do princípio da evolução espiritual de cada ser humano.

O exercício do respeito, a consideração para com o outro, cria em nós hábitos novos, como ser pontual, como não interromper o outro enquanto fala, não atender telefonemas enquanto converso com o outro, não ficar alienado no manuseio do celular, olhar nos olhos dos nossos interlocutores, quando não finjo que não vi as pessoas... Quando sei dizer sim, sim, não, não, sem falsas promessas, como prestar atenção em uma exposição de trabalho. Tudo isso significa educação.

Mas o que está acontecendo nos últimos tempos?

O desrespeito é total. Nem precisaria acrescentar o "total". Desrespeito é desrespeito e ponto. Infelizmente só compreendemos o respeito quando somos desrespeitados, e então nos esquecemos de quantas vezes temos desrespeitado os outros.

Velhos, crianças, animais abandonados à própria sorte. Na atualidade é preciso leis para favorecer o que seria de direito, idosos, pessoas com necessidades especiais, senhoras grávidas. Lembro-me que no meu tempo de menino o respeito aos idosos, às mulheres de uma forma geral, era coisa natural. A criança pedia bênção aos pais, tios, avós, e tinha como resposta: "Deus te abençoe". Só Deus tinha a bênção (benzer, dizer bem), a boa palavra para nosso dia, nossa noite.

A natureza vilipendiada por queimadas, poluição, derrubada de árvores, lixo, esgoto a céu aberto.

Autoridades achincalhadas, nossos direitos relegados a plano inferior (saúde, educação etc.)

As leis, de modo geral, não são cumpridas. Não mais

sabemos nos comportar civilizadamente, não sabemos onde foi parar a urbanidade. O trânsito em uma cidade, por exemplo, reflete a educação de seu povo.

E quem não se dá ao respeito, merece ser respeitado?

Paradigma difícil de ser mudado. Crescemos ouvindo esta afirmação e, agora, faço-a como pergunta. Vejamos o exemplo do Mestre diante da mulher adúltera, aquela que não se deu o respeito. Ninguém a condenou, ninguém a apedrejou. "Quem não tiver pecado que a condene." A ela Jesus apenas disse: "Vá e não peques mais", sem a condenar.

Não é porque uma pessoa não se dá o respeito que me garante o direito de desrespeitá-la. Quem não se dá o respeito, merece e merece muito ser respeitado.

Por fim respeito é bom e eu gosto.

Albert Schweitzer, médico alemão que residia no Gabão, África, falecido em 1965, certa ocasião afirmou: "Quando o homem aprender a respeitar até a menor das criaturas, ninguém precisará ensiná-lo a amar seus semelhantes." Entendia que o respeito e o amor andam de mãos dadas.

Paulo, em sua *Primeira carta aos coríntios*, diz que o amor é respeitoso, pois não se comporta inconvenientemente.

Respeito ao próximo. Respeito mais ainda a Deus, nosso Criador, que nos dignifica e nos valoriza como Seus filhos em evolução.

"Então minha alma canta a Ti, Senhor, quão gande és Tu, quão grande és Tu!" (Carl Boberg)

Je suis Charlie.
Je ne suis pas Charlie

O verdadeiro profeta é um homem de bem inspirado por Deus.

O Livro dos Espíritos. (Questão 624)

A grande tentação das religiões sempre foi a de transformar seus profetas em figuras divinas, livres de quaisquer elementos humanos. Mostrar o Cristo ou Maomé muito humanos sempre provocou respostas furiosas. Tanto um como outro não podiam ser figuras com preocupações terrenas.

Nenhuma religião admite desrespeito à fé de seus seguidores.

Na década de 1980, quando surgiu o filme "A última tentação de Cristo", quantos clamores se sucederam! Multidões se irritaram com a simples insinuação de que Jesus pudesse ter vivenciado paixões e fraquezas humanas... Não admitiam dúvidas a respeito de sua missão divina. A sexualidade, até hoje, representa mancha que, de nenhuma maneira, pode ser associada ao ser puramente divino.

Maomé, que fora casado, representa divinamente o profeta enviado por Alá. Os muçulmanos mais radicais apelam para a violência, quando imaginam esse desrespeito a sua fé.

Os cristãos e os muçulmanos, muitas vezes, esquecem-se de que o conceito humano, de Jesus ou de Maomé, encontra-se presente no Novo Testamento e no Alcorão.

Impossível esquecer a imagem do Mestre sofrendo agonia física e que conheceu a dúvida e a tentação, que chorou e verteu sangue.

Pouco se sabe sobre a vida do profeta Maomé, mas com certeza sabemos que foi um homem que sofreu, como todos nós, a condição humana.

Quase nada sabemos dos hábitos, costumes, crenças, tradições e culturas do povo árabe. Mas sabemos de sua religiosidade e veneração por seu Profeta. São homens que também sorriem, choram, alegram-se e se entristecem.

A discussão sobre a natureza de Cristo foi causadora das Guerras Santas, que de santas não tinham nada. E não falo apenas das Cruzadas, também chamadas de Santas, e das guerras sem fim entre cristãos e muçulmanos, guerras que, a pretexto de serem religiosas, tinham intenções puramente políticas.

Em 451 d.C., num grande concílio realizado em Calcedônia (cidade próxima à hoje moderna Istambul), a igreja formulou a declaração que acabou se tornando a teologia oficial do Império Romano. Esse concílio reconheceu em Cristo duas naturezas, uma humana e outra divina, reunidas em uma única pessoa, Jesus de Nazaré, e que sustenta até hoje.

Para que a declaração de Calcedônia pudesse se concretizar como dogma religioso, foi preciso transformá-la em política, para que, através da força, ela se impusesse. Foi assim, para impor a figura de um Cristo humano e divino, que durante séculos aconteceram as Guerras Santas.

De um lado se posicionavam os monofisistas, que não acreditavam na natureza humana de Cristo. Cristo era essencialmente divino. Do outro lado, os calcedônios, que enfatizavam as duas naturezas de Cristo.

Incluímos nessa intolerância e intransigência religiosa as Cruzadas e a Inquisição (conhecida como Santo Ofício).

Foi por isso que eu disse que mostrar um Cristo muito humano sempre provocou respostas furiosas. Jesus não podia ser uma figura com preocupações humanas, que comia, bebia, dormia e que pudesse sentir dores.

O espiritismo veio mostrar Jesus de Nazaré como ser "mais perfeito que Deus enviou à Terra, para servir à humanidade de modelo e guia". Reencarnou, filho de mulher, na condição de ser homem.

Faço essas ponderações iniciais para reafirmar a resposta dos espíritos superiores a Allan Kardec, quando este, na pergunta 624, questiona sobre o verdadeiro profeta. A resposta não deixa dúvida: "O verdadeiro profeta é um homem de bem inspirado por Deus". Já não há a necessidade da discussão estéril e inútil sobre a origem humana dos profetas.

No *réveillon,* em primeiro de janeiro de cada ano, celebramos a fraternidade universal e a paz entre os homens e povos de todas as etnias e de todas as religiões, como ocorreu na passagem de 2014 para 2015.

Logo na primeira semana de 2015, numa quarta-feira, dia 7, o mundo viu, estarrecido, o atentado ao jornal *Charlie Hebdo*. Dois irmãos muçulmanos provocaram o atentado terrorista que, no final, culminou com a morte de 12 pessoas. E eles mesmos morreram, dias após, em confronto com policiais.

Num primeiro instante, o mundo cristão se indignou, e a perplexidade tomou conta dos franceses.

Uma bandeira foi levantada, não apenas como indignação pelos homicídios, mas, também, em favor da liberdade de expressão, tão arraigada na cultura francesa: *Je suis Charlie. Eu sou Charlie.*

De repente, parte da população do mundo se transformou no nome do Jornal. Os ânimos ficaram muito acirrados. Qualquer estopim podia, novamente, colocar o mundo em guerra. O ato de terrorismo, na verdade, não fora um fato isolado. Agressões e violências dessa natureza acontecem no Oriente Médio, na Ásia, na África, quase todos os dias.

Ficamos a questionar como tal barbárie pode acontecer em pleno terceiro milênio!

Calar, pelo homicídio, os jornalistas e os satíricos humoristas era forma de intimidação. "Não brinquem com a nossa fé muçulmana, não ridicularizem a natureza divina de Maomé."

O mundo se indignou não só pelas vidas perdidas, mas também pela afronta à liberdade de expressão, esse direito inalienável da livre manifestação do pensamento, ideias e opiniões. Cumpre dizer, representou também um não à censura e à mordaça.

Porém, o jornal *Charlie Hebdo* não se preocupava com

o respeito à fé religiosa, quer dos muçulmanos, quer dos cristãos. Usava e abusava de charges obscenas, tripudiando sobre os pensamentos e sentimentos religiosos. E as consequências foram desastrosas.

Mesmo sabendo que não existe, na face da Terra, qualquer liberdade total, somos, todos, a favor da liberdade, incluindo a de expressão. Tudo tem limite, e o que o determina é o respeito pela liberdade do outro, pois meu direito termina onde começa o direito do outro.

Discussões como a da natureza dos profetas, se divino ou se humano, já nos conduziram a guerras. O que dizer dessas brincadeiras maldosas e grosseiras com a fé alheia, no mundo conturbado de hoje?

Ninguém, em sã consciência, concorda com a propagação do ódio e do terror entre os povos, e nem somos a favor de que se matem pessoas em nome da religião ou de seus profetas. Assassinatos, de jornalistas ou não, só ocorrem por mentes doentias e deturpadas pela radicalização.

Invocar o nome de Deus, ou de seus profetas, para cometer desatinos, é navegar na contramão da história. O abuso dos jornalistas do *Charlie* não deveria ser motivo para a barbárie. Um erro não pode justificar o outro. Por outro lado, não basta invocar o princípio da liberdade de expressão para achincalhar com a fé religiosa.

A inversão de valores se sobressalta porque nenhuma fé espiritual verdadeira incentiva e prega atos de ódio ou violência.

Como estamos em estágio de evolução, em estado de ignorância relativa, cometemos atos de maldade achando que estamos praticando o bem. Para os terroristas, seus atos resguardariam a imagem divina de Maomé. Mas desde quando Maomé precisava ser vingado?

Em nome da liberdade de expressão, posso ofender os valores de um povo? Posso ridicularizar a sua fé?

É por isso que não podemos concordar com a estupidez dos terroristas e muito menos defender a liberdade de expressão abusiva.

A grande questão é a de não nos colocarmos uns contra os outros: Não se trata de ser *Charlie* ou de não ser *Charlie*. O que se trata é de combater a ignorância, o preconceito e o fanatismo que se encontram enraizados em nosso mundo interior.

Jesus, em alguma ocasião, nos pediu que o vingássemos ou que impuséssemos o seu Testamento? Maomé, por acaso, pediu aos muçulmanos a mesma coisa, pela imposição do *Alcorão*?

O sangue derramado ao longo dos séculos por motivos religiosos, e este, derramado dia 7 de janeiro de 2015, acalmou a Maomé que clama por vingança? Acalmou a sua ira?

A indignação dos dois muçulmanos não lhes garantia o direito de ceifar vidas. Maomé não se sentia ofendido, porque sabia do poder do perdão.

O "Não matarás" está presente tanto no *Novo Testamento* como no *Alcorão*. Uma doutrinação diferente, para não falar estúpida, é que leva os radicais a matarem e a se matarem.

Nenhum país pode compactuar com a xenofobia ou com a islamofobia e correr o risco de novos atentados terroristas. O preço é muito alto. Será que estamos na iminência de uma nova Guerra Santa? Oriente contra Ocidente? Cristãos contra muçulmanos?

Nenhum humor pode estar a serviço do racismo e da intolerância. É isso que nos deixa perplexos. Dois mil anos já se passaram e ainda não entendemos que não podemos combater o mal com o mal. Não podemos nos esquecer que o racismo e a intolerância estão, também, do outro lado do mundo, e que toda discriminação e preconceito são odiosas.

Em nome da liberdade de expressão podemos ofender os valores de um povo? Podemos ridicularizar a sua fé? Continuamos calcedônios ou monofisistas?

Reiterando, a grande questão é a de não nos colocarmos uns contra os outros. Não se trata de "ser *Charlie*" ou "não ser *Charlie*", pois cada um é livre para se posicionar diante do exposto.

O que verdadeiramente interessa é o combate à ignorância, ao preconceito e ao fanatismo, enraizados em nosso mundo interior. Mas esta é uma guerra pessoal e depende de cada um de nós.

Ambos, Jesus e Maomé, pregaram a verdade e a justiça, a misericórdia e o perdão. Como podemos imaginá-los a clamar por vingança? Não foram homens de bem inspirados por Deus?

Deus e Maomé não clamam por justiça e nem se sentem humilhados ou revoltados pela ignorância humana; quem se sente humilhado e revoltado é o próprio homem, que vê seu orgulho ferido diante do que considera humilhação.

Críticas, charges, deboches praticados por *Charlie* ao longo dos tempos afetam os homens em evolução; e, não espíritos evoluídos do tamanho e da grandeza moral de Jesus ou de Maomé.

Perdoariam, sim, porque não sabemos o que fazemos quando somos debochados ou irônicos. Somos ignorantes. "O verdadeiro profeta é um homem de bem inspirado por Deus". Pode-se reconhecê-lo por suas palavras e por suas ações. "Deus não pode se servir da boca do mentiroso para ensinar a verdade" (resposta à questão 624 de *O Livro dos Espíritos*). Isso se deu com Jesus, com Maomé, com Kardec.

Sexo e Sexualidade

Entre os espíritos há amor e simpatia baseados na identidade de sentimentos.

O Livro dos Espíritos - Questão 200

Ney Prieto Peres, no *Manual prático do espírita*, item 14, trata dos malefícios dos abusos sexuais. Ele afirma que a corrente tendenciosa é, nos nossos dias, de dar livre expansão aos impulsos sexuais, distorcendo os sentimentos de afeição e respeito.

Deixa bem claro que a união de corpos pressupõe a união de almas: importa em compromisso de um para com o outro.

Todos nós concordamos em que o sexo e a sexualidade exercem enorme influência em nossas vidas, podendo comprometer uma encarnação e nos transportar para o plano espiritual em estado lastimável de dependência do prazer.

Penso que foi esse o motivo da pergunta de número 200 que Allan Kardec fez às entidades invisíveis em *O Livro dos Espíritos* (Parte II, Cap. IV).

200 - Têm sexo os espíritos?

Não como o entendeis, pois os sexos dependem do organismo. Entre eles há amor e simpatia, baseados na identidade dos sentimentos.

Com certeza Kardec não estava preocupado com a sexualidade dos espíritos, mas, sim, quis nos mostrar que o apelo sexual é um dos grandes entraves para a nossa evolução espiritual.

A resposta dos espíritos é claríssima. "Não como o entendeis", ou seja, há sim sexo nos espíritos. Entre eles há amor e simpatia, baseados na identidade dos sentimentos.

"Não como o entendeis" nos diz claramente como entendemos sexo e sexualidade. Entendemos que sexo é a conformação particular que difere o macho da fêmea, homem da mulher, no mundo animal e no vegetal. Representa papel determinante na reprodução das espécies.

Já a sexualidade representa o comportamento e o exercício da prática sexual. É a manifestação da libido e do erotismo, do prazer sexual. Trata-se da maneira como dignificamos o sexo. O impulso que caracteriza a determinação divina: "Crescei e multiplicai-vos". É inerente à espécie animal ou vegetal.

Esquecemo-nos de que não basta nascer e crescer homem ou mulher. Isso, por si só, não confere sexualidade.

O sexo pode ser apenas masculino e feminino, mas a sexualidade tem outras faces, como heterossexualidade e homossexualidade. Não menos comum, também, o ser humano pode nascer com os dois sexos, tanto o masculino como o feminino (hermafrodita). Da mesma forma como um homem pode desenvolver sua sexualidade feminina; uma mulher pode desenvolver sua sexualidade masculina!

O que dizer de uma criança que nasce com os dois sexos, deixando aos pais e à medicina a definição de sua sexualidade? Mas qual será que irá ou iria se desenvolver? Da expressão libido derivou-se, também, a palavra libertinagem.

Dos tabus, passamos à animalização da sexualidade. Libertinagem nada tem a ver com a liberdade sexual. O resto é promiscuidade. Daí advém a preocupação de Kardec. Já não basta uma vida sexual, enquanto estamos encarnados? Por que a preocupação com a sexualidade no plano espiritual?

As respostas, repito, estão nos entraves à nossa evolução. Tantas e tantas pessoas têm a mente constantemente voltada para o impulso sexual, que se tornam escravas da pornografia. Desencarnando, sofrerão por isso: desejam a sexualidade, mas estão desprovidas do organismo, do corpo físico.

Grande parte dos nossos problemas de ordem sexual, desde a definição do exercício da sexualidade (de ser realmente homem ou verdadeiramente mulher), bem como de todos os desvios, é provocada pela ignorância, pelos preconceitos e pelos vícios. Isto sem contar que já trazemos em nossa alma as tendências e reminiscências.

A igreja, na Idade Média, chamada idade das trevas, determinou que o sexo (sexualidade) deveria ser exercido apenas para a procriação. Criou os eunucos, em nome de Deus, pois só os assexuados poderiam exercer o sacerdócio. Em princípio, a castração era real; em seguida, de forma velada, nos claustros e nas clausuras. Uma mulher não podia mostrar-se grávida. Ela fez aquilo! Sinal de que pecou... O pecado original.

Nós, espíritas, sabemos que o pecado original tem mais a ver com a ignorância, o orgulho, a prepotência, e muito menos com a natureza sexual. Por que Deus nos criaria homem e mulher?

Nós, os que nascemos antes de 1950, aprendíamos

que sexo era pecado, e que, à mulher, não era permitido o prazer. O voto de celibato e de castidade não era, também, a negação do prazer sexual?

Sexo e sexualidade representam de imediato, para os seres humanos, a busca do prazer. E só, em seguida, representam procriação. Só aqueles mais evoluídos veem o sexo como o marco para a reencarnação. Somos espíritos, e nossos filhos são espíritos. Somos coautores no plano evolucionista de Deus, nosso Pai.

Há entre seres humanos toda uma abordagem para que a sexualidade aconteça. Primeiro a aproximação, com as expressões de amizade e carinho. Depois, um pouco além, o contato, as expressões de carícias, envolvendo os sentimentos de amor, de ternura. Por último, a ligação, com um relacionamento sexual responsável, com envolvimento e comprometimento.

É por isso que Ney Prieto Peres nos diz que sexo exige, antes de tudo, responsabilidade por parte de quem o pratica. Aqueles que propagam o "amor livre" estão dispostos a responder pelos seus atos livres?

Confundir amor com libertinagem e promiscuidade já foge ao nosso entendimento. A ninguém está dado o direito de invadir o campo de afeição de outra pessoa, sem cometer lesões na alma. Há que se medir a gradação dos nossos impulsos, da paixão, para que não confundamos com amor. As grandes provas de amor são dadas exatamente na nossa capacidade de renúncia e de sacrifício em respeito às pessoas que amamos.

Foi por isso que Emmanuel ditou a Chico Xavier (livro *Vida e sexo*) o seguinte:

> Não proibição, mas educação. Não abstinência imposta, mas emprego digno, com devido respeito ao outro e a si mesmo. Não indisciplina, mas controle. Não impulso livre, mas responsabilidade.

Todo pensamento menos puro, em termos sexuais, é resultante da pouca evolução de nossa alma.

Kardec nos diz que a alma que procura ocasião para praticar o erro e não o efetiva, não é por sua virtude, mas por falta de oportunidade (já o praticou). O mau desejo no nosso coração já constitui adultério, disse Jesus.

Como foi possível, em nome de Deus, negar, ao longo dos séculos, o prazer sexual de forma divinal? Desde quando se transformou o prazer em pecado? O amor não tem lógica, mas o corpo segue a lógica do amor. É a dança dos corpos envolvendo a cada um de nós, movendo-se ao sabor do desejo, falando a linguagem do amor.

O nenezinho, quando suga o leite materno, já sabe o sabor, porque seu corpinho já está ditando as razões para viver. Isto já nasceu com ele, que ainda nada sabe de libido. A voz do corpo não pode ser silenciada: é a ausência do saber para dar lugar ao sabor, segundo afirmou Rubem Alves (livro *Variações do prazer*).

É o amor que desperta a sexualidade.

A negação que aconteceu ao longo dos séculos conferiu à sexualidade um caráter de sacrilégio, principalmente no mundo ocidental em que vivemos.

Nosso corpo e nossa alma não entendem o sexo como pecado.

Foi Santo Agostinho quem disse que há um vazio

enorme em nossa alma, que sucede ao prazer, algo de nostalgia indefinível.

Eu acho que esse algo indefinível é a ausência da alegria. É que o prazer se esgota facilmente, mas a alegria nunca está saciada. O prazer tem vida curta, e o corpo fica esgotado rapidamente, para só depois pedir mais.

O prazer só é possível com a posse do seu objeto. Não se pode dar um beijo, a não ser em outra pessoa. O prazer precisa do outro. A alegria não necessita de nada, não precisa estar de posse.

Os esposos e as esposas devem se lembrar de que só o prazer não traz o contentamento, mas que, se houver alegria no relacionamento, algo divino acontece. Não basta trocar o seio materno por chupeta.

É assim que está descrito no *Cântico dos cânticos*, um dos livros da Bíblia, atribuído a Salomão. A Bíblia em nenhum instante condena o amor entre um homem e uma mulher; pelo contrário, exalta o amor humano, como fruto da nossa natureza sexuada. Nada há de malícia no relacionamento sexual. A malícia se infiltrou nos corações humanos por causa da condenação imposta ao longo da história da humanidade.

O Cântico VI é de beleza indescritível, pela pureza das declarações do Esposo e da Esposa.

> **O Esposo:**
>
> 7) Quão formosa e encantadora és, meu amor, minhas delícias. 8) O teu porte assemelha-se ao da palmeira, e os teus seios são os seus cachos. 9) Eu disse: subirei à palmeira e colherei os seus frutos. Os seus seios serão, para mim, como cachos de uva, e

> o perfume de tua boca, como o odor das maçãs. 10) A tua palavra é como vinho excelente que corre deliciosamente para o amado, e desliza por entre seus lábios e os seus dentes.
>
> **A Esposa:**
>
> 11) Eu sou para o meu amado, e os seus desejos se voltam para mim. 12) Vem, meu amado, saiamos para o campo, passemos a noite nos pomares. 13) Madrugaremos para ver se a vinha lançou rebentos, se suas flores se abrem, se as romãzeiras estão em flor. Aí te darei os meus amores. 14) As mandrágoras exalam o seu perfume; e temos à nossa porta frutos excelentes, novos e velhos, que guardarei para ti, meu amado.

Onde está o sacrilégio no ato físico do amor? Amor não se faz, sente-se. O amor só é livre quando tenho a liberdade (livre-arbítrio) para amar o amor de minha vida. E isso exige alegria e prazer.

A voz do corpo não pode ser ensinada. A ausência do saber é a presença do sabor.

Só assim não precisaremos nos preocupar como vamos exercer a sexualidade no plano espiritual. Não há pecados, mas responsabilidades.

Estamos imaturos demais para entender a resposta que foi dada a Kardec: "Não como entendeis. Entre eles há amor e simpatia baseados na identidade de sentimentos".

Somos tolos: temos, ainda, um corpo físico.

Mensagem de Emmanuel

Para finalizar este livro escolhi uma mensagem deste espírito que é consagrado no Brasil, pela sua elevação espiritual com que trata de diversos temas em suas obras ditadas ao médium Francisco Cândido Xavier. Esta mensagem consta da obra *Livro da esperança*, com o título *Nós e o mundo*. Foi publicado pela Editora da Comunhão Espírita Cristã, de Uberaba, MG, e ensina como devemos nos ater a praticar o bem no mundo em que vivemos, para que ele continue escola de progresso e esperança para todos. Vejamos então:

Nós e o mundo

Muitos religiosos afirmam que o mundo é poço de tentações e culpas, procurando o deserto para acobertar a pureza, entretanto, mesmo aí, no silencioso retiro em que se entregam a perigoso ócio da alma, por mais humildes se façam, comem os frutos e vestem a estamenha[15] que o mundo lhes oferece.

Muitos escritores alegam que o mundo é vasto arsenal de incompreensão e discórdia, viciação e de-

15 Hábito de frade; burel. N.R.

linquência. Como quem se vê diante de um serpentário, contudo, é no mundo que recolhem o precioso material em que gravam as próprias ideias e encontram os leitores que lhes compram os livros.

Muitos pregadores clamam que o mundo é vale de malícia e perversidade, qual se as criaturas humanas vivessem mergulhadas em piscina de lodo, todavia, é no mundo que adquirem os conhecimentos com que ornam o próprio verbo e acham os ouvintes que lhes registram respeitosamente a palavra.

Muitas pessoas dizem que o mundo é antro de perdição em que as trevas do mal senhoreiam a vida, no entanto, é no mundo que receberam o regaço materno para tomarem o arado da experiência, é no mundo que se nutrem confortavelmente a fim de demandarem mais altos planos evolutivos.

O mundo, porém, obra prima da Criação, indiferente às acusações gratuitas que lhe são desfechadas, prossegue florindo e renovando, guiando o progresso e sustentando as esperanças da Humanidade.

Fugir de trabalhar e sofrer no mundo, a título de resguardar a virtude, é abraçar o egoísmo mascarado de santidade.

O aluno diplomado em curso superior não pode criticar a bisonhice das mentes infantis, reunidas nas linhas primárias da escola.

Os bons são realmente bons se amparam os menos bons.

Os sábios fazem jus à verdadeira sabedoria se buscam dissipar a névoa da ignorância.

O espírita, na essência, é o cristão chamado a entender e auxiliar.

Doemos, pois, ao mundo ainda que seja o mínimo do máximo que recebemos dele, compreendendo e servindo aos outros, sem atribuir ao mundo os erros e desajustes que estão em nós.

DO MESMO AUTOR

Vivendo um dia de cada vez

José Milton da Costa

14x21 cm • 216 páginas

Esta obra é um convite do autor à mudança de postura em relação à vida; ele não se cansa de incentivar o leitor recomendando sempre "persistência e paciência. Não desista de seus sonhos e projetos. Isto requer mudanças comportamentais, de pensamentos, de sensibilização. Tudo passa. Prazeres ou agonias".

Resumindo: viva um dia de cada vez!

Janelas da alma

José Milton da Costa

14x21 cm • 208 páginas

José Milton da Costa escreveu este livro como quem conversa com o leitor, trazendo esclarecimentos acerca das diversas emoções que compõem a nossa existência ao longo dos anos. O resultado é uma obra com grande ênfase na valorização da vida e na melhor maneira de viver para não desperdiçar a presente encarnação.

CONHEÇA TAMBÉM

A vingança do judeu
Vera Kryzhanovskaia / J. W. Rochester (espírito)
Romance mediúnico • 16x22,5 • 424 pp.

O clássico romance de Rochester agora pela EME, com nova tradução, retrata em cativante história de amor e ódio, os terríveis fatos causados pelos preconceitos de raça, classe social e fortuna e mostra ao leitor a influência benéfica exercida pelo espiritismo sobre a sociedade.

Getúlio Vargas em dois mundos
Wanda A. Canutti / Eça de Queirós (espírito)
Romance mediúnico • 16x22,5 • 344pp.

Getúlio Vargas realmente suicidou-se? Como foi sua recepção no mundo espiritual? Qual o conteúdo da nova carta à nação, escrita após sua desencarnação? Saiba as respostas para estas e outras perguntas, agora em uma nova edição, com nova capa, novo formato e novo projeto gráfico.

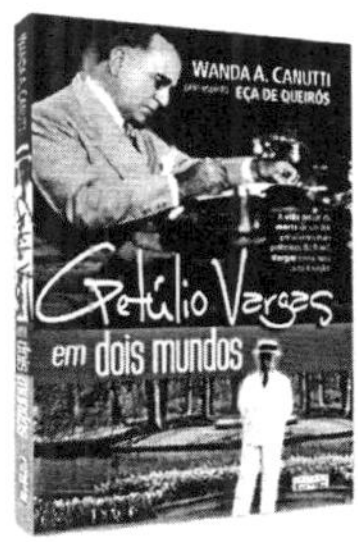

Peça e receba - O Universo conspira a seu favor
José Lázaro Boberg
Autoajuda • 16x22,5 • 248pp.

Neste livro, José Lázaro Boberg vem demonstrar, narrando fatos reais, que é possível realizar qualquer sonho que seja realmente perseguido e trabalhado por aquele que deseja vê-lo tornar-se realidade.

Mas, também, nos adverte que isso é possível tanto para quem deseja o bem ardentemente quanto para aqueles que, equivocadamente, permanecem atrelados ao mal.

Não encontrando os livros da EME na livraria de sua preferência, solicite o endereço de nosso distribuidor mais próximo de você através de
Fones: (19) 3491-7000 / 3491-5449
(claro) 99317-2800 (vivo) 99983-2575
E-mail: vendas@editoraeme.com.br – Site: www.editoraeme.com.br